芦沢茂喜
山岸倫子
［著］

ソーシャルワーカーのミカタ

対話を通してともに「解」を探す旅の軌跡

まえがき

二〇二〇年六月、私たちは『ソーシャルワーカーになりたい』を発刊しました。私たちが仕事を始めた頃、制度は整備されておらず、困っている人と関わりながら、制度が補えないものを一緒に考え、作り、行動する。そんな時代でした。それから月日が経過し、制度が整備され、私たちの仕事は困っている人と制度を繋ぐことに変わっていきました。一緒に考え、作り、行動する。人と関わるという部分は少なくなり、何のためにいるのか？　そんな疑問を私たちは持つようになりました。私たちはそれぞれの現場（私は精神保健福祉、山岸さんは生活困窮者支援）で出会ってきた人たちとの関わりに焦点を当て、何に悩み、考え、どのように向き合ってきたのかを自己に問いかけ、振り返る、自己との対話の記録をまとめることにしました。それが前著『ソーシャルワーカーになりたい』になります。

前著は、私たちがこの仕事に就き始めた頃からの記録をまとめましたが、本著は経験を重ね、後輩を持ち、組織の上では指導することを求められるようになった私たちが、どのように後輩たちと関わってきたのかをまとめたものになります。人材育成の仕組みとして、「スーパービジョン」があります。経験者が経験の浅い者を指導する仕組みであり、経験者をスーパーバイザー、経験の浅い者をスーパーバイジーと呼びます。それに当てはめれば、前著はスーパーバイジーとして、本著はスーパーバイザーとしての私たちの記録となります。

本著を作成するにあたり、前著とは違う形を取ったところがあります。前著は先に書き始めた私が書き終わった原稿を山岸さんに送り、それを読んで、山岸さんが原稿を私に送り、それを私が読んで、また新たな原稿を送るという形で進めました。本著はスーパーバイザーとしての立場で原稿を書くとのコンセプトを共有しただけで、原稿を書き終えるまではそれぞれの原稿を読まず、作業を進めました。書き終わった後、原稿を読んでみると、打ち合せをしていないのに、内容に関連があり、大事なこととして書いている内容が共通していました。そのことに気づいた時は驚きましたが、私は当然のようにも感じました。

前著でも書いていますが、私と山岸さんは全く異なる経緯でこの仕事に就くようになりました。私は大学で養成教育を受け、恩師に恵まれ、卒業後も恩師からのスーパービジョンを受け続けました。この世界では珍しい徒弟制度のような環境で育ちました。一方、山岸さんは大学院終了後に、養成教育を受け、自分自身で学び、成長してきました。

前著を読み、私が置かれた環境（恩師のスーパービジョンを受け続けている環境）について、「恩師がいて羨ましい」、「私にはそういう人がいなかった」、「スーパービジョンの体制が必要」との感想を持たれた方が多くいました。恩師に巡り合えたことに私は感謝しています。恩師に出会えなければ、この仕事をしていないとも思います。でも、それは私と恩師との間で起こったことであり、私と同じ環境に他の人が置かれれば、私と同じような展開になるわけではありません。また、スーパービジョンの体制があれば、上手くいくわけでもありません。自己との対話を私たちがしなければ、スーパービジョンという仕組みがあっても、私の恩師のような先生がいても、何も起こりません。そう考えると、自己との対話を続けてきた私たちが、同じことを感じ、大事だと感じるのは、当然のように感じました。

また、本著ではもう一つ、前著とは違うところがあります。前述のとおり、前著は私たちがソーシャルワーカーとして、困っている人との関わりを通して、悩み、考え、行動してきた自己との対話の記録ですが、本著は困っている人と後輩の関わりをスーパービジョンの場で私たちが聞きながら、私たちが他者である後輩と対話してきた、他者との対話の記録になります。前述と矛盾するように感じるかもしれませんが、自己との対話が大事であればスーパービジョンという仕組みはいらず、それぞれが自己と向き合えば良いと考えることもできるかもしれません。でも、自己との対話を一人で行うことはなかなかできません。自己と向き合う作業は苦痛であり、逃げたくなる。客観的に自己を見ることができず、感情に流されてしまう。それが普通のような気がします。逃げずに、向き合い続けるためには、自己との対話ができるように促し、支える他者の存在が必要であり、その仕組みがスーパービジョンとなります。自己との対話と他者との対話の両方が必要であり、スーパーバイジーであれば自己との対話、スーパーバイザーであれば他者との対話の比重が重くなると言えます。

そのため、本著を書き始めた時、前著以上に書くことの難しさを感じました。前著は自己と向き合うことの苦痛は伴うものも、自己に問いかけ、考え、書くことの繰り返しであり、スムーズに書くことができました。本著はスーパーバイジーという他者を登場させることで、どう書いたら良いのか、どう書けば読んで下さる方々に伝わるのかと悩むことが多くなり、書き進めることがなかなかできませんでした。また、あとがきで山岸さんも書いていますが、コロナの感染拡大に伴い、業務が逼迫し、文章を書く、まとまった時間が確保できない状況になりました。そんな中で書き上げたのが本著になります。

本著のタイトルは『ソーシャルワーカーのミカタ』としました。ソーシャルワーカーになりたいと想い続ける私たちにとって、「ソーシャルワーカーの味方でいたい」との想いと、「ソーシャルワーカーの見方」をテーマにしたいとの想いを込め、タイトルにしました。経験を重ねる中で問われてくるのは私たちの見方。私たちは経験を重ねると、知らず知らずに自分たちの中に、当たり前を作ってしまいます。振り返ることなく、何となくそれを受け入れている私たちがいます。でも、もしかしたら、その見方が間違っているかもしれない。見方を変えたら、状況が違ってくるかもしれない。相手を、環境を、そして私たち自身を私たちはどう見るのか、私たちのスーパービジョンの実践を通して問うてみたい。そう思います。

よろしくお願いします。

芦沢茂喜

ソーシャルワーカーのミカタ　目次

II　ただひたすらに、その人を中心に据える　山岸倫子

Ⅰ　届かぬ影を追い求め

ソーシャルワーカーになりたい私のその後のものがたり

芦沢茂喜

〈登場人物〉

ジロウさん　：私が病院勤務時に関わっていた当事者
ヨウヘイさん：私が精神保健福祉センター在籍時に出会った当事者
コウイチさん：同上
サイトウさん：スーパーバイジー
シゲルさん　：スーパーバイジーが担当した当事者
トシキさん　：シゲルさんの友人

はじめに

看護師：「ジロウさんが亡くなったよ」
私　　：「え？」
看護師：「芦沢君が一生懸命に関わっていたジロウさん。先週、転院先の病院で亡くなったんだよ」
私　　：「え？」

以前、勤務していた病院の看護師と久しぶりに会った際に、看護師より聞いた話を私は受け止められませんでした。

私がジロウさんを担当していたのは一〇年前。その当時、ジロウさんは五〇代後半。家事援助のヘルパーと病院からの訪問看護を利用しながら、一人暮らしをしていました。薬を飲み過ぎてしまうため、外来は週一回。訪問看護が入り、お薬カレンダーに一週間分、朝・昼・夕・寝る前の薬をセットし、平日の間は毎日夕方に入るヘルパーが薬の残りを確認し、ヘルパーと訪問看護が共有で使う連絡ノートに状況を記入する形が取られていました。

私は病院勤務時、週一回、事務当直をしていると、朝の五時にインターホンを押す彼に起こされていました。病院の玄関を開け、彼を病院内に入れ、外来の待合椅子に座ってもらい、私は電話が鳴れば事務室へ行き、電話が終われば待合に行き、彼と朝が来るのを待つことをしていました。彼は五時に受付カードを入れているので、外来の順番は一番。でも、外来開始は八時三〇分。彼は待ち合いで三時間三〇分待っているので、外来が始まり、彼に声をかけると、「芦沢さん、疲れた。眠い」と話していました。

そして、外来が終わり、会計を済ませ、病院近くの薬局に薬を取りに行くのですが、彼は処方箋を薬局に出すと、そのまま帰ってしまうことが度々ありました。理由は家に帰って寝たいというもの。私は彼に五時ではなく、外来の開始時間の前に来れば、待ち時間も短くなることを伝えるものの、来るのはいつも五時。そのため、「薬を取りに来ていません」との薬局からの連絡を受け、会計を次回受診時にお願いし、彼の薬を代わりに受け取り、夕方勤務時間の終了後に彼の自宅へ届けることもありました。彼の自宅は住宅が密集した地域に建つ平屋の一軒家。訪問すると、電気は点いていますが、玄関は閉められていました。

私：「ジロウさん、芦沢です。薬を届けに来ました」

私は玄関前で声をかけましたが、彼の返答はなし。しばらく声かけを続けていると、中から音が聞こえてきました。「ガー。ガー」、彼のイビキです。

私は玄関横の窓がいつも開いていることを知っていたため、窓を開け、寝ている彼に声をかけました。

私：「ジロウさん、芦沢です」
彼：「ガー。ガー」
私：「ジロウさん、芦沢です。薬を届けにきました」
彼：「え？　あ、誰ですか？」
私：「芦沢です。病院の芦沢です」
彼：「ヘルパーさんですか？」
私：「芦沢です」
彼：「やっぱり、ヘルパーさんですね」
私：「あ・し・ざ・わです」
彼：「あ、芦沢さんですか？」
私：「芦沢です」
彼：「何をしに来たのですか？」
私：「ジロウさんが薬を持っていかなかったので、届けに来たのです」
彼：「あ、そうなのですね。芦沢さんも大変ですね」
私：「そうですね……。せっかく来させてもらったので、薬のセットをしておきますね」
彼：「ありがとうございます」
私：「ジロウさん、この頃の体調はいかがですか？」

彼：「体調は気をつけています」
私：「そうですか。何かしているのですか？」
彼：「甘いものを控えています」
私：「それは凄いですね。甘い物って何ですか？」
彼：「家の近くのパン屋さんでパンを買います。いつもクリームパンを買っていたのをヘルパーさんに注意されたので、今は買っていません」
私：「それは凄いですね。ジロウさんも努力されているのですね」
彼：「ええ、代わりに違うものを買っています」
私：「違うものって何ですか？」
彼：「ジャムパンを買っています」
私：「ジャムパン？……あんまり変わっていないような気がしますが……」

ジロウさんに振り回される私。でも、なぜかジロウさんなら仕方ないかと思わせてくれる人でした。
また、ジロウさんは寂しがり屋でヘルパーや病院に頻回に電話を入れ、私のところにも一日に多い時は八回、彼から「寂しい」、「眠れない」などと電話が入りました。彼からの電話があまりにも頻回なので、ヘルパー事業所からは彼の携帯電話を解約してほしいとの苦情が私のところにありましたが、「寂しい」の電話の後にヘルパーが訪問に行くと、「この間の電話はスイマセンでした」と謝る姿に憎めなさを感じ、その状態は続きました。

ただ、頻回の電話はどうにかなりましたが、彼は風呂に入らなかったため、体臭には困りました。風呂に入るようにヘルパーが何度も勧めても一向に入らず、さすがに我慢の限界だとヘルパーから私に「ジロウさんに風呂に入るように言ってください。風呂に入らないようなら、ヘルパーに行けません」との電話が入るようになりました。

私は、当直の時間に彼と外来の時間が来るのを待っている間に話をしました。

私：「ジロウさん、お風呂は嫌いですか?」
彼：「嫌いではない」
私：「ヘルパーさんから風呂に入れって言われないですか?」
彼：「言われる」
私：「嫌な理由があるのですか?」
彼：「面倒くさい」
私：「風呂の準備ができていたら、入れます?」
彼：「入れる」
私：「ヘルパーさんが風呂に入れないようだと、ヘルパーに行けないって言っているから、入りましょう」
彼：「うん」
私：「私が病院のデイケアのお風呂を貸してもらうから、そのお風呂に入りましょう。次にジロウさんが病院に来るのはいつですか?」

彼:「木曜日」

私:「明後日ですね。明後日の午前中にお風呂を借りるので、その時に入りましょう」

彼:「うん」

私はデイケアのスタッフに話をし、明後日の午前中にお風呂を借りることになりました。ヘルパーにはその旨、連絡を入れました。

翌日、外来から私に連絡が入りました。「ジロウさんが芦沢さんを呼んでいます」、何かあったのだろうか? と、外来に行くと、外来の受付で風呂桶とタオルを持ったジロウさんが立っていました。私を見つけると、「風呂」と言いました。

約束した日にちと違いますが、彼がせっかく来たので、デイケアに頼み、その日にお風呂を借りました。彼と一緒に浴室に行くと、浴槽にお湯をはろうとする私とは関係がないかのように、彼は服を脱ぎ、裸になり、まだお湯もはられていない浴槽に入り、お地蔵さんのように座りました。彼に一旦浴槽から出てもらい、お湯を入れようとも思いましたが、彼が入ってしまったため、シャワーからお湯を出し、彼の頭からお湯をかけました。彼は「気持ちいいですね」と話すものの、体を全く動かさず、じっとしているため、彼が持ってきたタオルを濡らし、私が彼の身体を洗いました。

風呂から出た後、彼と別れると、その日は夕方まで、いつもは頻回にある電話がありませんでした。夕方、彼から電話がありました。

彼：「芦沢さん、今日はありがとうございました。温まりました。今日は薬がなくても眠れそうです」
私：「そうですか。それは良かった」
彼：「芦沢さん、ありがとう」
私：「こちらこそ、来て下さってありがとうございます」
彼：「またね」
私：「はい」

「ジロウさんが亡くなった」、看護師から言われた言葉を受け、私の脳裏には彼との思い出が浮かんできました。ジロウさんは一人。幼い頃に両親を亡くし、叔父夫婦に育てられ、中学を卒業後は土木作業で働き、一八歳で運転免許を取得してからはトラック運転手をしてきました。病気は二〇代後半で発症し、入退院を経験し、仕事は退職しましたが、障害年金と生活保護を受給しながら、その後は長く地域で一人暮らしを続けていました。私が担当としてジロウさんに会ったのはそんな時期でした。ジロウさんは精神科の病気以外に高血圧などの身体疾患がありました。内科にかかり、定期検査を受けなければならないのに、彼はなかなか行こうとしませんでした。そんな時は私が送迎をしていました。勤務時間の前に、彼の家へ行く。行けば、お約束のように電気が点いた平屋の家から「ガー、ガー」というイビキ声。いつものように玄関横の窓を開け、起こし、車に乗せ、病院へ。受付の人に検査の場所への移動で分からない様子が見られたら、声をかけてあげてほしいと頼み、私は彼を置いて、病院に出勤。そうすると、お昼頃にジロウさんが検査を受けている病院から私のところに電話が入りました。

受付：「ジロウさんが俺はもう死ぬのか。不安だと落ち着かず、困ります」
私　：「スイマセン。すぐに伺います」

上司に事情を説明し、病院に向かうと、ジロウさんは検査室の前のソファに座っていました。私は心配になり、近づき、声をかけました。

私：「ジロウさん、大丈夫ですか？」
彼：「あっ。芦沢さん。芦沢さん、何しに来たんですか？」
私：「はい？　何しに来たんですかではないですよ。ジロウさんが俺はもう死ぬのか、不安だと病院の人に言い、落ち着かないとの電話があり、心配になって来たんですよ」
彼：「そうなんですね。芦沢さんも大変ですね」
私：「大変ですね、ではないですよ。大丈夫ですか？　私は帰りますよ」
彼：「芦沢さん」
私：「はい。僕が帰れないので、送って行って下さい」

私：「……はい」

一事が万事、そんな出来事の繰り返しでした。ジロウさんは検査だけでなく、内科の受診も当然のように中断するので、内科の予約を入れ、受診の同行もしました。待合で順番を待っていると、

彼：「芦沢さん」
私：「はい」
彼：「芦沢さんはシバタさんを知っていますか？」
私：「シバタさん？　誰ですか？」
彼：「看護師長さんです」
私：「いつ頃の看護師長さんですか？　私は知らないです」
彼：「僕が入院していた時の看護師長さんです」
私：「ジロウさんが入院していたのはいつ頃ですか？」
彼：「二〇年前です」
私：「二〇年前？　私は勤務していないですよ」
彼：「そうなんですか。芦沢さん、見た目よりも若いんですね」
私：「どういうことですか？」
彼：「僕はその時にトラックの運転手をしていました

私：「遠くまで運転されたんですか？」
彼：「遠くまで行きました。菅原文太の『トラック野郎』を見て、憧れました」
私：「そうなんですね」
彼：「芦沢さんは何でこの仕事をしているのですか？」
私：「何で？」
彼：「僕のような人と関わらないといけない。大変じゃないですか。何でですか？」
私：「ジロウさんが平穏な暮らしを送ってほしいと思っているからです」
彼：「芦沢さん、真面目ですね」
私：「ありがとうございます」

「ジロウさんが平穏な暮らしを送ってほしい」、それはその時の私が本当に思ったことでした。ジロウさんと関わって、私は人と関わることが楽しいと感じました。この仕事を続けたい。ジロウさんの担当を続けたい。そんな想いを持ちました。私が体調を崩し、病院を退職することを決めた時、ジロウさんのことが気になりました。退職をした後も、ジロウさんはどうしているだろう？　と考えていました。

看護師に話を聞くと、ジロウさんは新たな身体疾患を患い、一般病院へ入院。処置が終わり、退院後は私が勤めていた病院に転院し、長い入院生活を送り、この一年ほどは一般病院と精神科病院の間で転入院を繰り返していました。

私の記憶の中では変わらないジロウさんも、月日の経過と共に、変わっていく。そんな当たり前のことを感じました。そして、ジロウさんが私に言った「何でこの仕事をしているのですか？」との問いかけに対する回答を改めて考えました。私は何でこの仕事をしているのだろう？　私もこの仕事をするようになり、大分時間が経過してきましたが、私は成長して来られたのだろうか？　ジロウさんの思い出と共にそんなことを私は考えました。
看護師と話をした五日後の土曜日、私は都内の会議室にいました。

先生：「次回からあなたがやりなさい」
私　：「はい？」
先生：「次回からあなたが私の役割をやりなさい」
私　：「私が、ですか？」
先生：「そう。あなたが」
私　：「私、やったことがないですが？」
先生：「やったことがないから、やるのでしょう」
私　：「そうですが、やれる自信がありません……」
先生：「自信なんてないわよ。最初から自信があったら、困るわ」
私　：「はい。でも……」
先生：「嫌なの？」

私　：「そういうわけではないのですが……」
先生：「あなたがスーパービジョンを受けるようになり、一〇年。そろそろあなたが私の役割をしても良いように思うの」
私　：「でも、不安です」
先生：「そうね。不安を抱くのは当然ね。ではこうしましょう。次回からあなたは大学の後輩でスーパービジョンを受けることを希望した者を担当する。誰を担当するのかは私が決め、あなたに事前に連絡する。スーパービジョンを実施した一週間後、どのようなスーパービジョンをしたのかを私と一緒に確認する機会を持ちましょう」
私　：「ええ！」
先生：「嫌なの？」
私　：「嫌ではないです」
先生：「では、そうしましょう」
私　：「よろしくお願いします」

大学卒業後、私は月に一回、都内で大学の恩師に会っていました。恩師の名前はケイコ先生（仮名）。先生はアメリカでソーシャルワークを学び、臨床経験も豊富なソーシャルワーカー。私が関わる事例を一つ選び、先生に報告し、私の関わりを振り返る時間を先生に作ってもらっていました。専門的にはスーパービジョンと言われるものであり、その期間は大学を卒業してから続いていました。一〇年目を迎えたこの日の振り返り、次回の予定を先生に確認すると、先生からこのような話をされました。
私が先生の役割をする。ソーシャルワーカーとして仕事をしてきた。それなりに時間も経過した。仕事を始めた当初に比べたら、仕事ができている自信はある。先生から離れ、私が先生の役割を果たすことが必要なことも分かる。でも、私にできるのだろうか?

拙著『ソーシャルワーカーになりたい――自己との対話を通した支援の解体新書』では、大学卒業後、悩み、向き合ってきた事例との関わりについて、ケイコ先生とのスーパービジョンでの対話を通じて振り返り、少しずつ経験を重ねてきた様子を綴りました。本書ではスーパービジョンを行う、スーパーバイザー(以下、バイザー)として悪戦苦闘したその後の日々を綴りたいと思います。

後述しますが、スーパービジョンを担うように先生から言われた同時期に、私はひきこもり支援に取り組み始めました。これまで関わりのなかったひきこもりとの関わりに悩みました。その詳細については、拙著『ひきこもりでいいみたい――私と彼らのものがたり』と『ふすまのむこうがわ――ひきこもる彼と私のものがたり』に書きました。ソーシャルワーカーとスーパーバイザーとで立場は違いますが、両方の役割を担ってみると、当たり前のことかもしれませんが、私がソーシャルワーカーとして悩むことと、後輩たちが悩むことは繋がっていると感じました。

ひきこもり支援については既にこれまでも取り上げてきましたが、本書では私の支援とスーパービジョンの関係がより理解しやすいように、私のひきこもり事例との関わりを提示し、後輩とのスーパービジョンでの対話、そしてケイコ先生との対話という構成を取りました。これまでの私の文章と同様に、事例のどこで悩み、苦しんだのかの部分は事実ですが、事例及び事例の中に登場する人物はケイコ先生も含め、モデルはいるものの、本書を書くに当たり、加工し、創作したものです。ソーシャルワーカーになりたくて歩む私がひきこもりの問題と出会い、スーパーバイザーとなり、どのような経過を辿ってきたのか、どうぞお付き合い下さい。

■参考文献

芦沢茂喜（2018）『ひきこもりでいいみたい――私と彼らのものがたり』生活書院
芦沢茂喜・山岸倫子（2020）『ソーシャルワーカーになりたい――自己との対話を通した支援の解体新書』生活書院
芦沢茂喜（2021）『ふすまのむこうがわ――ひきこもる彼と私のものがたり』生活書院

第1章

立場／ポジション

地方公務員の三月は落ち着かない。年度末は一年間のまとめの時期であり、四月からの配属先が変わる異動の時期になります。自治体により、また職種により異動対象となる年数は違うかもしれませんが、私の場合は二～三年で配属先が変わります。そのため、配属二年目の三月は異動があるかもしれないとの思いを持ちながら、過ごします。県の設置する保健福祉事務所で二年目を迎えた二〇一三年三月末の某日、私は事務所内の自席に座り、内示の発表を待っていました。

次長：「芦沢さん、所長がお呼びです」
私　：「はい」

事務次長に呼ばれ、私は所長室に行きました。所長より促され、向かいの席に座ると、所長：「芦沢さん、異動になります。四月より精神保健福祉センターに行っていただきます。よろしくお願いします。次は佐藤さん（仮名）なので、佐藤さんを呼んで下さい」

私　：「承知しました。ありがとうございました」

所長室を出て、佐藤さんに声をかけ、自席に座りました。私は精神保健福祉センターに連絡を入れ、私が引き継ぎを受ける日程を確認しました。そして、私が業務を引き継ぐ相手に連絡を入れ、引き継ぎを行う日程を確認しました。異動の内示は例年三月末で、異動となる四月一日までに与えられる時間は長い年で二週間弱、短い年は一週間弱であり、その年は土日も含め八日間でした。八日間で、私が相談を担当している人に異動の連絡を入れ、私の代わりに来る人に渡す引継書を作成する。後任者に事務所に来てもらい、引継書を見せながら、業務を引き継ぐ。そして、私が異動先に行き、四月より担当する業務の引き継ぎを前任者より受けるという作業をしなければならず、時間はあっという間に過ぎていきました。

私が異動する精神保健福祉センターは精神保健福祉手帳や自立支援医療の審査や措置入院や医療保護入院といった強制入院に伴い、病院が都道府県・指定都市に提出する書類の審査を行う精神医療審査会の事務局を担い、思春期、ひきこもり、依存症など、地域の支援機関が対応することが難しい相談を担当し、関係職員の研修などを通じて人材養成を行う精神保健福祉の専門機関。私は精神医療審査会の事務局などを担うとともに、ひきこもりの来所相談と月一回開催されている本人を対象にした集団活動の担当になりました。

ひきこもりについては、県職員になる前に精神科病院に勤務していたことから、無気力などの陰性症状から、自宅にこもる人たちをたくさん、見てきました。その多くが中高年の年代でしたが、同じひきこもり。前任者から引き継いだ相談は三〇名弱。そのうち、本人が来所しているものと、家族（主に母）が来所しているものが半数ずつ。ひきこもりの来所相談は家族からの相談で、本人からの相談はないと思っていましたが、家族と変わらない数の本人が来所している。来所しているのであれば、本人から話を聴き、話に沿って進めていけば問題はないと、当時の私はそう思っていました。

四月一日、精神保健福祉センターに配属となった初日。私には定期相談の予定が四件（全て本人が来所）、入っていました。私が初めて会ったのは、ヨウヘイさん（仮名）。三〇代の男性。地元の小・中学校を卒業後、高校に進学。学生時代に不登校の経験はなく、高校を卒業するものの、就職活動が上手くいかず。自分自身が何をしたいのかが分からず、周りから勧められ、何社か試験を受けるものの、面接で聞かれた質問に答えられず、不採用。両親が心配し、本人は精神科病院を受診し、心理検査を受けるものの、知的能力に問題なく、精神科の範疇ではないため病院でやれることはなく、精神保健福祉センターに相談してみてはとの病院からのアドバイスを受け、五年前に両親と共に来所。四年前からは本人が月に一回、来所していました。

時間になり、待ち合いスペースに行くと、ヨウヘイさんは座っていました。ヨウヘイさんに声をかけ、相談室に案内し、椅子に座るように促し、私は自己紹介をしました。

私：「はじめまして。芦沢茂喜と申します。前任の小林さん（仮名）が異動となり、本日より私が担当となります。よろしくお願いします」
彼：「よろしくお願いします」
私：「これまでの経過は小林さんから伺っています。また、記録も拝見していますがヨウヘイさんのここ最近の様子はいかがですか？」
彼：「変わりありません」
私：「変わりないですか？」
彼：「変わりありません」
私：「そうですか。いつも何をなさっていますか？」
彼：「ゲーム」
私：「ゲームですか？」
彼：「ゲームです」
私：「他には何をしていますか？」
彼：「特に何もしていません」
私：「何かしたいことはありますか？」
彼：「ありません」
私：「ないですか？」
彼：「ありません」
私：「そうですか……」

私は次の言葉が出ず、ヨウヘイさんとの会話が続かず、次回の予定を決め、面談は一五分ほどで終わりました。ヨウヘイさんに挨拶をし、別れ、私は事務室の自席に座りました。何が起こったのだろう？　本人は自ら来所しているということは、話すことがあるから来ているのではないのか？　ひきこもりであっても対応できると思っていた私にとって、何もできず、面談が終わってしまったことがショックで仕方ありませんでした。ショックから回復できないまま、四五分後にその日、二人目の相談者に会いました。

二人目の相談者はコウイチさん（仮名）。二〇代の男性。高校卒業後、高校の勧めで就職した自動車整備会社に就職したものの、職場の人間関係が上手く築けず、半年で退職。退職後は両親より働くように言われるものの、就職に向けて動くことができず。自室でゲームをして過ごす生活を続けたことから、両親が精神保健福祉センターに連絡。当初は母とともに来所していたものの、月日が経過し、本人が来所するようになり、三年が経過していました。

待合スペースに行くと椅子に座っていたコウイチさんは右手にスマホを持ち、笑顔でスマホを操作していました。私はコウイチさんに声をかけ、相談室に案内しました。

私：「はじめまして。芦沢茂喜と申します。前任の小林さん（仮名）が異動となり、本日より私が担当となります。よろしくお願いします」

彼：「よろしくお願いします」

私：「これまでの経過は小林さんから伺っています。また、記録も拝見していますが、コウイチさんのここ最近の様子はいかがですか？」
彼：「変わりありません」
私：「変わりない？」
彼：「変わりありません」
私：「そうですか。コウイチさんはいつも何をなさっていますか？」
彼：「ゲーム」
私：「ゲームですか？　どんなゲームですか？」
彼：「いろいろです」
私：「いろいろ。そうですか。他には何をしますか？」
彼：「特に何もしていません」
私：「何もしない？」
彼：「しません」
私：「そうですか。したいことはないですか？」
彼：「ありません」
私：「そうですか……」

一時間前と同じ光景が繰り広げられ、私はパニックになりました。彼に返す言葉が見つからず、長い沈黙のあと、「変わりないのであれば良かったです」と言い、次の予定を確認し、面接を終えました。面接時間は一〇分ほど。私は早くその場から逃げたいと思いました。面接を終了し、自席に戻り、何が起こったのか、整理しようとしましたが、ショックが大きすぎて、冷静になることができませんでした。

私は経験を積んできた。面接もできていた。それなりのソーシャルワーカーになれた。そう思っていました。でも、私は会話を続けることができず、「別にありません」と言われ、どう言葉を返せばよいのか分かりませんでした。

その日の面接はその後二件、ありましたが、繰り返し相手から発せられる「別にありません」との返答に私は何もできませんでした。私がこれまで会ってきた人たちは、「どうしましたか？」と聞けば、こちらが細かく聞かなくても、自ら話してくれました。支援は困っている人に対して行うものだと考えれば、彼らは困っていない。困っていない人に対して私がすることはない。だとすれば、この面接に意味はあるのか？ 「では、困ったことが出たら、話に来てください」と言い、終わらせても良いのではないか？ との思いが私の中で起きました。でも、配属されたばかりでこれまでの経過が分からない私がそのような対応を取って良いのか分からず、私はその後も「別にありません」の返答を聞けば、次の予定を確認し、面接を終わらせていました。「ジロウさんに会いたい」、「前の職場で会っていた人の方が良かった」などと同僚に言い、自分を慰める日々をその後も過ごしました。

そんな日々を二週間過ごした四月の第二土曜日、私はいつもケイコ先生とのスーパービジョンの際に借りる会議室にいました。二日目前の木曜日の夜に先生より私が初めてスーパービジョンを担当する相手について電話がありました。

先生：「明後日、あなたが担当するのはサイトウさん（仮名）。女性。大学卒業後に都内の精神科病院に就職し、今年で三年目。元々は高齢者医療をしたいとの希望があったようだけど、希望した就職先から求人が出ず、大学四年次に実習に行った病院にそのまま就職した子ね。あなたも高齢者医療がやりたかったでしょう?」

私　：「はい。ただ、私の場合は医療というよりも、福祉ですが」

先生：「まあ、違いはあるけど、同じような関心があるのであれば良いかなと思ったの」

私　：「はい」

先生：「どのような事例を提出してくるのかは聞いていないわ。まずは先入観を持たずに、後輩が出してくる事例に向き合ってみなさい」

私　：「はい」

先生：「サイトウさんには土曜日の一三時三〇分に会議室に行くように伝えておいたから」

私　：「はい」

先生：「優しく接するのよ」

私　：「はい」

先生から連絡をもらい、スーパービジョンの当日までの二日間。どんな事例が提出されるのか、それに対して私はどのように対応したら良いのかと考え続け、眠れぬ日々を過ごしました。眠い目を擦りながら、時計を見ると、約束の一三時三〇分になっていました。ノックする音とともに、サイトウさんが部屋に入ってきました。

サイトウ：「こんにちは。はじめまして。サイトウと申します。よろしくお願いします」
私　　：「芦沢と申します。こちらこそよろしくお願いします。どうぞ、おかけ下さい」
サイトウ：「申し訳ありません。遅れてしまいまして。早めに家を出てきたのですが、会議室の場所を探すのに時間がかかってしまいました」
私　　：「大丈夫です。私もそれほど、待っていませんから。気になさらずに」
サイトウ：「ありがとうございます」
私　　：「では、少し落ち着いたら、始めましょうか？　準備ができたら、言ってください」
サイトウ：「大丈夫です」
私　　：「大丈夫？　はい。では、はじめましょう。まずは、今日提出したい事例について教えて下さい。私は事例についてケイコ先生から何も聞かされていません。何も知らない私に、事例について教えて下さい」
サイトウ：「分かりました。事例は五〇代の男性。シゲルさん（仮名）。統合失調症の患者さんです。長く当院に通院されており、入院もこれまでに複数回あります。家族は七〇代のお母さん。今年の二月に怠薬から病状が再燃。周りから監視されていると母に訴え、困った母から当院に相談があり、三月の受診の際に入院となっています。私は入院時の担当として現在、関わっています。怠薬が理由だったので、薬の服用を再開したら、病状は改善し、主治医からは退院しても良いとの判断が出ています。退院にあたり、本人は自宅に帰ることを希望。母は繰り返しの病状悪化でこれ以上本人を支えることは難しいと話し、グループホームへの退院を希望しています。本人にグループホームのことを話すと、『自分の家があるのに帰れないのはおかしい。知らない人との共同生活なんてできない』と話し、話が進まず。主治医や病棟からは早く退院を進めるようにと言われているのですが、上手く進めることができず、悩んでいます」

私　　：「ありがとうございます。確認で教えてください。サイトウさんは何に悩んでいますか？」

サイトウ：「トオルさんにグループホームへの入所を勧めているのに、本人が同意してくれず、話が進まないことに悩んでいます」

私　　：「グループホームを勧めているのは、誰ですか？」

サイトウ：「お母さん」

私　　：「他には？」

サイトウ：「主治医や病棟です」

私　　：「サイトウさんは？」

サイトウ：「私も今の状況であれば、グループホームしか退院先はないと思います」

私　　：「理由は？」

サイトウ：「母が自宅への退院を拒否している以上、自宅に帰ることはできません。シゲルさんは一人暮らしをしたことがなく、アパートでの一人暮らしも難しいと思います。病院と同じ法人が運営するグループホームに空きがあり、そこであれば体験を経て、大丈夫であれば入所できます。本人が入退院を繰り返す原因となっている怠薬も、グループホームで薬の管理をするので防ぐことができます。病状の悪化が見られても、病院に近く、スタッフもいるので、対応できます。お母さんも安心すると思います」

私　　：「サイトウさんもグループホームが良いと思っている？」

サイトウ：「はい」

私　　：「シゲルさんがグループホームを拒否している理由を教えてもらえますか？」

サイトウ：「自分の家があるのに帰れないのはおかしい。知らない人との共同生活はできない」

私　　：「その理由に対して、サイトウさんはどう思うの？」

サイトウ：「それがシゲルさんの理由なのかもしれませんが、それでは話が進まないと思います」

私　　：「話は進んだ方が良いの？」

サイトウ：「進んだ方が良いと思います」

私　　：「なぜ？」

サイトウ：「進まない方が良いとは考えたことがありません」

私　　：「話が進まないと誰が困るの？」

サイトウ：「シゲルさん」

私　　　：「シゲルさんはグループホームを拒否しているから、困らないんじゃないかな」

サイトウ：「お母さん」

私　　　：「お母さんも自宅に本人が帰らず、入院が継続となり、病院が面倒を見てくれているのであれば、話が進まなくても困らないんじゃないかな」

サイトウ：「病院です」

私　　　：「病院の誰が困るの？」

サイトウ：「主治医、病棟……私です」

私　　　：「そうだね、サイトウさんが困るように私も感じます。シゲルさんが何で拒否をしているのか？　自分の家に帰れないのはおかしいとシゲルさんは話しているけど、家に対するシゲルさんの想いはどんなものだろう？　何か特別な想いがあるのだろうか？　共同生活が嫌な理由は？　考えてみると、シゲルさんのこと、私たちは知らないことが多いんじゃないかな」

サイトウ：「知らないです。スイマセン。スイマセン」

私　　　：「責めているわけではないよ。ただ、私たちは仕事をしていると、誰に向かって仕事をしているのか分からなくなる時がある。本人の為と言いながら、家族の為、病院の為、自分の為といったように他の目的が入ってきてしまう。私も教えてもらったことだけど、人の為と書いて偽と読むでしょう。何か金八先生みたいで嫌だけど、自分自身の立ち位置がこの仕事をしていると問われてくると思うんだ」

サイトウ：「はい」

私　：「次回は一か月後。その後の経過を教えてください」

サイトウ：「ありがとうございました」

私　：「ありがとうございました」

サイトウさんはハンカチで涙を拭い、私にお辞儀をし、部屋から出ていきました。ケイコ先生に「優しく接するのよ」と言われたのに、泣かせてしまった。泣かせるつもりはなかったけど、つい話の流れで言ってしまった。ケイコ先生も私を泣かせた時、こんな気持ちになったのだろうか？　そんなことを考えながら、私のスーパービジョンの初回は終わりました。

一週間後、私は前回と同じ会議室にいました。今度はスーパービジョンを受ける立場として。サイトウさんを泣かせてしまい、大丈夫だったのかを考えた一週間。先生に何を言われるのかと考えてしまい、落ち着かない日々を過ごしました。

いつものように会議室で待っていると、先生が現れました。

先生：「こんにちは」

私　：「こんにちは。よろしくお願いします」

先生：「よろしく。あなた、元気そうね」
私　：「ありがとうございます」
先生：「サイトウさんからは連絡をもらい、大体の概要は聞いたわ」
私　：「はい」
先生：「その話をする前に、あなた、配属先が変わったのね」
私　：「変わりました」
先生：「どこに変わったの？」
私　：「精神保健福祉センターに変わりました」
先生：「そう。そこで何をしているの？」
私　：「精神医療審査会の事務局業務とひきこもりの来所相談、集団活動を担当しています」
先生：「ひきこもり。そう。なかなか難しいでしょう、ひきこもり」
私　：「難しいです」
先生：「何が難しいの？」
私　：「事例によっては、本人が来てくれるものもあるのですが」
先生：「本人も来るの？」
私　：「本人も来ます。でも、本人と話をすると、何を聞いても別にないですと言われてしまい、会話が続かず、短い時間で面接が終わってしまいます。そのため、どのように進めたら良いか分からず、困っています」

先生：「そう。それは大変ね。まだ、始めたばかりでしょう？」
私　：「はい」
先生：「少しずつ、何か糸口が見つかると良いわね」
私　：「はい」
先生：「ごめんなさい。私が話を折ってしまって。先週のスーパービジョンの話に話を戻したいと思うけど、やってみてどうだった？」
私　：「難しかったです」
先生：「何が？」
私　：「サイトウさんにどのように伝えたら、伝わるのかを考えるのが難しかったです」
先生：「そう。サイトウさんに聞いたら、私はシゲルさんの気持ちを聞いていませんでした。改めてシゲルさんが家に帰りたい理由、グループホームが嫌な理由を聞いてみたいと思いますと話していたわよ」
私　：「そうですか」
先生：「あなた、サイトウさんがどういう職場で仕事をしているのか、知っている？」
私　：「都内の精神科病院」
先生：「そうね。それは私も伝えたわね。その精神科病院がどんなところで、サイトウさんはどういう立場でいるのか、あなた、聞いた？」
私　：「聞いていません」

先生：「一口に病院と言っても、みんな、違うでしょう。一族経営のところもあれば、公立のところもある。主治医や病棟だって、みんな違う。同じ職場の上司はどんな人か？　同僚は？ソーシャルワーカーがその病院の中でどのような立場なのか？　あなたも病院に勤務していたことがあるのだから、病院によって違うのは分かるでしょう」

私　：「はい」

先生：「あなた、サイトウさんにどのように伝えたら、伝わるのかを考えるのが難しいと言ったわね。相手に伝わることを考えるには相手が置かれている立場をこちらが考えないといけない。あなたがスーパービジョンでサイトウさんに伝えたことは間違っていない。でも、それが今のサイトウさんが受け止めることができるのか、そしてそれを受けて行動できるのかは考えないといけないわね」

私　：「はい」

先生：「スーパービジョンはいろいろな場所で行われている。でも、その場を見て、話を聞くと、経験の長い人がこれまでの経験、自分の立場から見た正論を言っているだけ。それで終わっているものが多いわね。その正論を相手が聞いて、動けるかといえば、なかなか難しいわね。○○長という肩書を持ち、経験が豊富であれば、経験が浅い人とは周りに対して言えることは違うでしょう。その人と同じことを経験が浅い人にしろと言われても、できるわけがない。大事なことはまずは相手の立場を理解すること」

私　：「はい」

先生：「以前も話をしたかもしれないけど、学生の頃、ジャーメインの本を授業で読んだでしょう。そこに相手の靴を履くという言葉があった。日本人は家の中に入れば、靴を脱ぐ。でも、外国では家の中でも靴は履いたまま。外国では靴はその人を支える大事なものとして捉えられる。相手の靴を履くとは、相手の立場に自分を置く。相手から見える景色で状況を見る。それが大事だということね」

私　：「はい」

先生：「相手の靴を履く。言葉で言うと簡単そうに聞こえるけど、ここで大事なことがある。あなた、分かる？」

私　：「どういうことですか」

先生：「この話をすると、多くの人は『相手の靴を履く』を言葉通りに受け止める」

私　：「そうじゃないのですか？」

先生：「そうね。その通りだけど、もっと言えば自分の靴を履いている間は相手のことは分からない。相手の靴を履く前に、自分の靴を脱がなければいけないということ。そこを忘れて、片足だけ自分の靴を履き、もう片方で相手の靴を履くではダメということね」

私　：「はい」

先生：「そう考えると、あなたが今、関わるひきこもりのことも同じじゃないかしら」

私　：「どういうことですか？」

先生：「あなた、ひきこもりの人と話が続かないと言ったわね」

私　：「はい」
先生：「何で話が続かないの？」
私　：「何で……」
先生：「話が続かないのに、彼らが相談の場に来ている理由は？」
私　：「理由……」
先生：「話すことがないのに、なぜ彼らはあなたのところに来るの？」
私　：「なぜ……」
先生：「彼らの立場を理解する努力をあなたがしないといけないのかもしれないわね」
私　：「……」
先生：「あなたがサイトウさんに言ったことはブーメランのようにあなたに返ってくるのよ」
私　：「はい。はい。スイマセン」
先生：「何を謝っているの」
私　：「スイマセン。何か情けなくなってしまって」
先生：「大事なのはこれから。これからあなたがどう踏ん張り、乗り越えていくかね。頑張りなさい」
私　：「はい」

スーパービジョンをするように先生に言われた時、正直嬉しかった。私も先生に少しは認められたのかなと思った。でも、やってみて、自分自身がまだまだであることを感じました。

私は自分の立場から物事を見ていた。傍観者だった。傍観者の立場から分析し、正論を言っていた。相手の立場になる。先生から教えてもらっていたことなのに、経験を重ね、自分自身ができている感覚となり、大事なことを忘れてしまっていた。

帰りの電車が東京から山梨に入り、勝沼ぶどう郷が見えた時、左の窓側の席に座った私の眼には富士山が見えました。経験を重ね、ある程度山を登ってきたと思っていましたが、まだまだ先は遠いように感じました。「あ〜あ」、背伸びをしながら、私は大きなため息をつきました。

第2章

歴史／ヒストリー

ケイコ先生との対話の二日後。時間は午前九時五五分。私は精神保健福祉センターの事務室の自席に座り、その日の面接時間が訪れるのを待っていました。待っている間に思い浮かぶのは、学生時代にケイコ先生から教えられたことができていなかった自分自身の不甲斐なさ。不甲斐ない自分自身に嫌になりながらも、改めて相手の靴を履いてみようとその時の私は思いました。

その日の初回面接は一〇時開始。相手は、先月の面接で私の問いかけに全て「変わりありません」との返事をしたヨウヘイさん。時計の針が一〇時となったのを確認し、事務室を出て、待ち合いスペースに行くと、ヨウヘイさんは座っていました。ヨウヘイさんに声をかけ、相談室に案内し、椅子に座るように促し、面接を始めました。

私：「こんにちは」

彼：「こんにちは」

私：「先月お会いしたのが一か月前。この一か月の様子はいかがですか？」
彼：「変わりありません」
私：「変わりないですか？」
彼：「変わりありません」
私：「そうですか。私、先月にお会いした後、改めて記録を読んでみました。読んでみて、私はヨウヘイさんについて分からないことが多いことが分かりました。今日はヨウヘイさんに教えてもらいたいと思いました。もちろん、ヨウヘイさんが答えたくないことは無理して答えなくても大丈夫です」
彼：「……はい」
私：「ヨウヘイさん、先程変わらないと話してくれましたけど、何が変わらないですか？」
彼：「え？　えーと。生活」
私：「生活って？　どんなこと？」
彼：「やっていることが変わらない」
私：「やっていることってどんなこと？」
彼：「ゲーム」
私：「ゲーム。ゲームはどのくらいの時間、やっているのですか？」
彼：「ほとんど」
私：「ほとんどって何時間くらい？」

彼：「起きている間はほとんど」
私：「ご飯は食べますか？」
彼：「食べる」
私：「何食？」
彼：「二食」
私：「二食って、いつ食べますか？」
彼：「昼と夜」
私：「昼って何時くらい？」
彼：「一三時くらい」
私：「夜は？」
彼：「一九時くらい」
私：「ご飯はどこで食べますか？」
彼：「リビング」
私：「誰と食べますか？」
彼：「昼は一人。夜は母親と一緒です」
私：「そうですか。食事を食べたら、すぐに部屋に戻るのですか？」
彼：「はい」
私：「食事以外に部屋から出ることはありますか？」

彼：「トイレとお風呂」
私：「それ以外は？」
彼：「ほとんど部屋です」
私：「外に出ることは、ここ（精神保健福祉センター）以外にありますか？」
彼：「雑誌を買いに行く」
私：「雑誌？　聞いても良いかな？　どんな雑誌？」
彼：「戦隊ヒーローの雑誌」
私：「戦隊ヒーロー？　戦隊ヒーローって日曜日の八時ぐらいにやっている番組？　○○レンジャーとか、あと仮面ライダーだっけ？　私が見ていた時は何だったかな……」
彼：「そう」
私：「ゴメンナサイ。私が分からないから教えてほしいです。その雑誌にはどんな内容が載っているの？」
彼：「ストーリーとか俳優とか、アクションをやっている俳優も載っている」
私：「アクションをやっている俳優？」
彼：「レンジャーやライダーの中に入って、アクションをやっている人」
私：「それを読んで、ヨウヘイさんはどんなところが面白いと思うの？」
彼：「前のシリーズでは青の戦隊だった人が今度の新しいのでは赤の戦隊に変わっている。そして、その人が次は監督になったりする。それが凄いと思う」

私：「そうだね。凄いね。私、今日初めて聞いたけど、凄いと思った。戦隊ものは雑誌を見るだけ？　何かショーみたいなものもあるのかな？」
彼：「ある」
私：「見たりする？」
彼：「近くでやっていれば見に行きます」
私：「そう。良いね。直接、見たりするとやはり違う？」
彼：「迫力があります」
私：「そうかあ。ヨウヘイさんはそういうものに関わりたいと思うの？」
彼：「僕は無理です」
私：「無理って、どういう理由があるのだろう？」
彼：「僕は今まで何もしてきたことがない。戦隊ヒーローに興味はあっても、自分に何ができるのか分からない」
私：「自分に何ができるのか分からない。そうかあ。それはしんどいね。何ができるか、一緒に探してみない？　何かできることがあるか、私の方で探せるよ」
彼：「いいです」
私：「探すのは嫌かな？」
彼：「そういうことではないです」
私：「嫌ではないけど、気が進まない？」

彼：「……」

私：「そうかあ。ゴメンナサイ。話を勝手に進めてしまいました。話をしていたら、時間だね。何か今日の時点で話しておきたいことはありますか？」

彼：「ないです」

私：「分かりました。次は一か月後でいいかな？」

彼：「はい」

私：「では、一か月後の同じ時間に会いましょう。ありがとうございました」

彼：「ありがとうございました」

前回、話ができなかったヨウヘイさんと話ができた。ヨウヘイさんの日常生活を私なりにイメージすることもできた。前回に比べたら、良い面接ができた。私はそう思いました。ただ、事務室の自席に座り、なぜヨウヘイさんは私ができることを探すことを嫌がったのか？　そのことが分からず、私は悶々としていました。

時計を見ると、一一時となっていました。次の相談者はヨウヘイさん同様に先月の面接で話が続かなかったコウイチさん。待合スペースに行くと先月同様に、コウイチさんは椅子に座り、右手にスマホを持ち、笑顔でスマホを操作していました。私はコウイチさんに声をかけ、相談室に案内しました。

私：「こんにちは。どうぞ、おかけ下さい。先月から一か月経過しましたが、この一か月の様子はいかがですか?」
彼:「変わりありません」
私:「変わりないですか?」
彼:「変わりありません」
私:「そうですか。私、先月にコウイチさんとお会いした後、記録は読んでいたけど、私はコウイチさんのことについて知らないことが、たくさんあるなと感じました。今日は答えられる範囲内で大丈夫なので、教えてほしいと思います。コウイチさんはいつも何をなさっていますか?」
彼:「ゲーム」
私:「ゲーム。ゲームって色々なタイプのものがあると思いますが、どんなもの?」
彼:「テレビゲーム」
私:「テレビゲーム。パソコンやスマホではしないの?」
彼:「しません」
私:「テレビゲームも色々な種類があると思いますが、どんなものをやるの?」
彼:「プレステとか、昔のもの」
私:「昔のもの。最近のはやらない?」
彼:「買えないから」
私:「そう。昔のゲーム機を今も使っている?」
彼:「……(頷く)」

私：「そう。ゲームもRPGとかアクション系とかいろいろなものがあると思います。私があまりやったことがないから、分からないことも多いけど、何か好きなゲームの種類はあるの？」
彼：「ないです」
私：「ゲームは何時間ぐらいやりますか？」
彼：「ほとんど」
私：「ほとんどってどのくらいの時間？」
彼：「ご飯とお風呂とトイレ以外の時間」
私：「疲れない？」
彼：「疲れない。慣れているから」
私：「それは凄いな。私だったら疲れてしまいそうだな。疲れて休む時はあるの？」
彼：「ほとんどない」
私：「そう。私が分からないから教えてもらいたいけど、前にやったことがあるゲームだったら、どうすればクリアできるのかが分かるからやっていても面白くないような気もするけど、どうかな？」
彼：「面白いわけではない」
私：「面白いわけではないゲームをしている理由は何かあるのかな？」
彼：「他にやることがないから」
私：「他のことをやろうとは思う？」

彼：「それは思う」
私：「そう。でも、行動するのは大変？」
彼：「……」
私：「私が何かコウイチさんに良いと思うことを探したら、やってみようと思う？」
彼：「今は思わない」
私：「前は思ったことがある？」
彼：「……」
私：「そう。教えて下さって、ありがとうございます。ちょうど、時間になりました。今日の時点で話しておきたいことはありますか？」
彼：「ない」
私：「はい。では、次回も一か月後の同じ時間で良いですか？」
彼：「はい」
私：「はい。ありがとうございます。では、一か月後、午前一一時でお会いしたいと思います」

コウイチさんを見送り、私は事務室の自席に座りました。先月に比べ、二人の話を聞くことができた。現在の彼らの状況も先月に比べ、イメージすることができた。彼らは今の状況が良いとは思っていない。でも、私が何かをするように促そうとすると、彼らはそれを避ける。動いた方が良いと思っているけど、動かない。動けない。その理由が私には分かりませんでした。

二週間後の土曜日、私は東京の会議室にいました。サイトウさんへのスーパービジョンの日を迎えました。前回の私は、事例の置かれた環境を聞くことをサイトウさんに伝えながら、自分自身がサイトウさんの置かれた環境を聞かなかった。サイトウさんの職場の状況、職場内でのポジションを聞くとともに、その後の経過を確認しようと思いました。

約束の時間の五分前にドアをノックする音が聞こえ、彼女は部屋に入ってきました。

サイトウ：「こんにちは。よろしくお願いします」

私　　：「こんにちは。よろしくお願いします。どうぞ、おかけ下さい」

サイトウ：「はい」

私　　：「体調は大丈夫ですか？」

サイトウ：「大丈夫です」

私　　：「そう。それは良かった。準備ができたら、声をかけて下さい」

サイトウ：「……よろしくお願いします」

私　　：「はい。よろしくお願いします。では、始めたいと思います。前回から一か月が経過しました。前回の話で、私はサイトウさんにシゲルさんがグループホームへの入所を拒否している理由を聞く必要があること、シゲルさんが置かれた環境を理解する必要があることを伝えたように思います。ただ、その後私もケイコ先生との振り返りをしました。

ケイコ先生からあなたはサイトウさんの置かれた環境を理解しているの？　と聞かれ、私は答えることができませんでした。本当に申し訳ありません。シゲルさんの話の前に、サイトウさんの職場の様子などを教えて下さい。サイトウさんの職場はどのような職場ですか？」

サイトウ：「病床数三〇〇床の単科の精神科病院です。大学四年次の実習で一か月間、お世話になりました。元々は他の病院の就職を考えていましたが、上手くいかず。病院より来年度の求人が出ているけどどうかとの連絡をいただき、就職しました」

私　　　：「そうなのですね。病院にはソーシャルワーカーは何人いますか？」

サイトウ：「ソーシャルワーカーは私を入れて、五人です。病棟が四つあり、それぞれに一人配置となっており、残りの一人は外来を担当しています。病棟は急性期の閉鎖と慢性期の閉鎖と開放、あとは認知症の病棟があります。私は元々、高齢者医療に関わりたいと思っていたので、認知症の病棟を希望しましたが、入職したばかりのため、一番精神的な負担が少ないだろうとの判断で、慢性期の開放病棟の担当になりました。今もその病棟の担当を継続しています」

私　　　：「慢性期の開放病棟の担当として、毎日どのような仕事をしていますか？　一日のスケジュールはありますか？」

サイトウ：「朝、ソーシャルワーカーが所属する医療相談室内のミーティングがあります。主にやるのはスケジュールの確認です。それが終わると、病棟に行き、ナースステーションでカルテを見て、看護師さんに話を聞き、患者さんの状態を確認します。あとは、患者さんとの外出や家族との面談、カンファレンスの予定があれば対応し、他の時間は病室を回り、患者さんに声掛けをしています。ケイコ先生より、朝でも、夕方でも決まった時間に病棟内をラウンドするように言われていたので、私は朝九時過ぎに一回、午後四時過ぎに一回、ラウンドしています」

私　　：「私も先生に言われて、やっていたな～。毎日二回を継続するのは大変じゃない？」

サイトウ：「予定がその時間に入ってしまい、できない時もありますが、決まった時間に声をかけていると、患者さんたちも私が来ることを分かってくれて、今まで声をかけても反応してくれなかった人が反応してくれるようになりました」

私　　：「すごいね」

サイトウ：「そんなことないです」

私　　：「すごいと思うよ。続けることは本当に大変なことだから」

サイトウ：「ありがとうございます」

私　　：「仕事をしている上で、困ったりした時はどうしていますか？」

サイトウ：「先輩が四人いるので、相談しています。私は元々、退職した人の補充で採用されました。担当している病棟の前任者は退職していませんが、他の先輩達も年数の違いはありますが、私が担当する病棟の担当になったことがあるので、どうしたら良いか悩む時は聞いています」

私　　：「他の職種、医師や看護師との関係はどうですか？」
サイトウ：「医師は常勤五名と非常勤二名。常勤の先生のうち、比較的若い先生は四〇代。多くは六〇代の先生です。看護師も精神科だからなのか、年齢が高く、定年で退職した後も再雇用で働いている人がたくさんいます。先生が決めると他の職種が意見を言うことはなく、その通りに進みます。最近は急性期のベッドを空けるために、慢性期の閉鎖や開放病棟の患者さんの入院が長くなると退院させるように言われます」
私　　：「言われるだけ？」
サイトウ：「月に一回の管理職の会議で入院者と退院者のデータが出ます。入院希望者の報告もあり、その時に次の月、それぞれの病棟の退院の目標数が出されます。会議終了後に看護師長より他の職員にその情報が流れ、それぞれの病棟では退院予定者のリストアップがされます」
私　　：「すごいね。退院の方向性が出ると、進めるようにとの圧力がありそうだね」
サイトウ：「あります。予定通りに進められないと、看護師よりしっかり仕事をして下さいと言われます」
私　　：「直接、言われるの？」
サイトウ：「言われます。それを言われると、どうにかしなくちゃ。どうにかしないと、病院の中で居場所がなくなってしまうと思ってしまいます」
私　　：「そうですか。大変だな」

サイトウ：「芦沢さんから、前回、シゲルさんがグループホームを拒否している理由は？　家に対するシゲルさんの想いは？　と言われ、私自身、それを聞かなくていけないと心のどこかで思っていたように感じました。聞かなくてはいけないのに、それを聞いてしまえば予定通りに退院を進めることができない。だから、聞かないことにしてきたように思います。それを改めて突き付けられ、自分が情けなくなりました」

私　：「そうかあ。シゲルさんとはその後、どうなりましたか？」

サイトウ：「シゲルさんに改めて、話を聞いてみました。シゲルさんは、家は生まれ育ったところ。あの家は俺が守る。母も年を取り、昔に比べればいろいろなことができなくなった。俺は母に迷惑をかけてきた。俺が一緒に暮らし、見てあげないといけないと話していました」

私　：「そうかあ。それでどうしました？」

サイトウ：「シゲルさんの想いは分かりました。でも……」

私　：「でも……どうしました？」

サイトウ：「シゲルさんの想いはあっても、生活ができるのかという現実の話になると、難しいように感じました。シゲルさんは家事をほとんどやったことがないので、お母さんと一緒に暮らしたら、シゲルさんの食事、洗濯などはお母さんがやると思います。お母さんが年を取り、一緒に暮らせなくなれば、シゲルさんは自分のことをやらないといけない。そうであれば、若いうちにその練習をした方が良いのではないかと思いました」

私　　：「それでどうしたの？」
サイトウ：「お母さんに面会に来てもらい、一緒に説得をしました。シゲルさんは頑なに拒否をしていましたが、お母さんが言うことを聞かないと二度と家に入れないと言い、最後はシゲルさんが折れました。先週から体験に行っており、体験の様子が大丈夫であれば、今月中には退院になる予定です」
私　　：「そうですか。サイトウさんは関わりをしてきて、今どう思っていますか？」
サイトウ：「退院の方向性がつけられて、良かったと思います。ただ……」
私　　：「ただ？　どうしたの？」
サイトウ：「本当に良かったのかな？との思いもあります」
私　　：「どういうことだろう？」
サイトウ：「最終的に動くことができたから良かったのかもしれません。でも、シゲルさん、納得しているのかな？　との思いはあります」
私　　：「もう少しどういうことか教えて下さい」
サイトウ：「シゲルさんの想いを大事にして、シゲルさんを説得するのではなく、シゲルさんが納得できるように話し合いを持っても良かったのかなと思います」
私　　：「今もシゲルさんは入院していて、家からは離れて暮らしている。嫌がる共同生活をしている。でも、グループホームに移るのは嫌というのはどうしてだろう？」
サイトウ：「分かりません」

私　　：「シゲルさんは共同生活が嫌なのかな。私には家に帰れなくなるのではないか？　将来、どうなるのかの不安があるように感じるけど、どうだろう？　グループホームに行った後、どうしていくのか、話をした？」

サイトウ：「話をしていません。後のことはグループホームに行ってから決めましょうとシゲルさんには話していました」

私　　：「本人が話すことは、その場で思いついたことを言っているわけではないよね。これまでどんな生活をしてきたか。どんなことがあり、嫌なことは何だったかなど、過去の出来事が影響してくるよね。それと同じように将来のことも影響してくるんじゃないかな。シゲルさんが以前、自分がしたいことを希望したけど、周りに説得されてそれを引っ込めた経験があったとすれば、それで良いことがあったのであれば良いけど、良いことがなければ嫌がるのではないかな」

サイトウ：「そんなこと、考えたことがありませんでした」

私　　：「本人を理解するって難しいよね。何が正解ってないと思うから。でも、本人の今の状況だけでなく、これまでとこれからについても関心を持ち、聞いていくと、より本人のことが分かるようになるような気がします」

サイトウ：「はい。私、今のシゲルさんのことしか考えていませんでした」

私　　：「うん。ちょうど時間になりました。次回は一か月後で良いかな？」

サイトウ：「大丈夫です」

私　　：「シゲルさんがどうなったか？　サイトウさんはどのように関わったのかを、また教えて下さい」
サイトウ：「はい。よろしくお願いします」
私　　：「お疲れ様でした。また、来月」
サイトウ：「お疲れ様でした」

サイトウさんが部屋を出ていくのを見届けて、一人、誰もいない会議室の椅子に座りなおしました。今日のスーパービジョンを振り返り、我ながら良いことを言ったなと思いました。私に対して、ケイコ先生が話してくれるように、私もサイトウさんに話ができたのではないか。私は一人、満足感に浸っていました。

一週間後、私は同じ会議室にいました。今度は私がスーパービジョンを受ける側で、ケイコ先生が来るのを待っていました。約束の時間を五分過ぎたところで、会議室の扉が開きました。

先生：「あら、ごめんなさい。遅くなってしまったわね。待った？」
私　：「待っていません。よろしくお願いします」
先生：「よろしくお願いします。あなた、調子が良さそうね」
私　：「はい？」

先生：「何か良いことでもあった？」
私　：「特にありません」
先生：「そう。表情が穏やかだから、何か良いことがあったのかなと思ったのよ。間違っていたのであれば、ごめんなさい」
私　：「いえ、スイマセン」
先生：「あなたが謝ることではないでしょう」
私　：「はい」
先生：「では、始めましょうか。サイトウさんの話の前にあなた、前回、ひきこもりの人達との面接が続かないと話していたわね」
私　：「はい」
先生：「その後、どうなったの？」
私　：「先生とお話をしたあと、私自身が彼らの置かれている状況を理解していないことに気づき、彼らに現状について聞いてみました。生活の様子、好きなことや日頃していることも分かりました。あと、好きなことを仕事にする気はない。今の状態が良いとは思っていない。日頃しているゲームも、したくてしているわけではないことも分かりました」
先生：「そう。それで……」
私　：「であれば私が本人達のできそうなことを探しても良いかと聞いたのですが、拒否されました」

先生：「それでどう思ったの？」

私　：「自分自身が今の状況が良くないと思っている。自分で動き出せないのであれば、私が探すくらいは良いのではないかと思いました。私が探しても、それをするか、しないかは本人達が決めることができます。探すこと自体を彼らに拒否されてしまえば、今の状況が維持されてしまう。どうしたら良いのだろう？　と困ってしまいました」

先生：「そう。それはなかなか難しい問題ね。サイトウさんについてはどうだった？」

私　：「サイトウさんは前回の話を受け、本人に自宅に帰りたい理由を聞いたものの、本人の現状からグループホームに行った方が良いと評価し、母と一緒に本人を説得し、現在グループホームを体験しているとの話でした」

先生：「そう。それを受けて、あなたはどのような話をしたの？」

私　：「私は本人が自宅へ帰りたいと話した理由を今の状況だけでなく、これまでのこと、これからのことも含めて考えてみてはと伝えました。今も入院しているのであれば、自宅から離れて暮らしている。その場がグループホームに変わるだけと考えれば、なぜそこまで本人が自宅に帰ることに拘るのか。本人の今の決断はこれまでのことや、これからのこと、将来の不安、心配事なども影響していないのか、考えることも大事だと伝えました」

先生：「そうね。大事なことね。あなた、サイトウさんと話をしている時、どんなことを考えて聞いている？」

私　：「ええ？　どんなことですか？」

先生：「あなた、自分がこの事例を担当していたら、どうするって考えていない？」
私　：「考えています。私が担当のソーシャルワーカーだったらって」
先生：「そうね。事例検討ならそれで良いかもしれないわね。でも、スーパービジョンは違う。担当はあくまでもサイトウさん。あなたではない。サイトウさんができるようにならないといけない」
私　：「はい」
先生：「でも、あなたの話を聞いていると、サイトウさんがあなたのようになれば良いように聞こえるわね」
私　：「……」
先生：「経験を積んでくると、後輩ができていないところが見えてくる。自分が担当だったら、こうする。そう言いたくなる。でも、それを言い始めると、相手はあなたにどうすれば良いかの回答を求めるようになる。結果、あなたのコピーが出来上がる」
私　：「……」
先生：「それではダメよね。あくまでも担当はサイトウさん。サイトウさんの理解はどのくらいか。その上でどのような言葉をかけ、どんなことを考えさせれば良いのか。サイトウさんの理解力などを見ながら、かける言葉も考えないといけない。あと……」
私　：「はい」
先生：「あなた、サイトウさんの話の前にひきこもりの人達と関わっている話をしてくれたわよね」

私　：「はい」

先生：「ひきこもりの人達がこのままでは良くないと思いながら、こちらが動かそうと何か始めようとすると拒否するのが分からないと言ったわね」

私　：「はい」

先生：「あなた、あなたが思った通りに動かないひきこもりの人達とサイトウさんを重ねて見ていない？」

私　：「え？」

先生：「自分は正解を知っていて、それを行えば上手くいくのに、それをしようとしない。何でしないのだろう？　とじれったい気持ちをひきこもりの人達にも、サイトウさんにも抱いていない？」

私　：「それは……」

先生：「それと、あなたがサイトウさんに話したことはそのままあなたにも当てはまるんじゃない？」

私　：「……」

先生：「あなた、ひきこもる彼らがそう言わないといけなかった過去、そしてあなたが彼らに探してくるものを彼らがやった後の生活、将来について考えていたかしら？」

私　：「……考えていませんでした」

先生：「それを理解するためには彼らや家族に話を聞いていかないといけない。ストーリーを聴くという話を以前にあなたにもしたことがあったでしょう」

私　：「はい。人にはそれぞれのストーリーがある。今はそのストーリーの一部でしかないと教えていただきました」

先生：「そうね。ストーリーを理解するには、話を聞くとともに、相手が生きてきた背景を理解する必要があるわね。例えば、働くこと一つ取ってみても、親の世代と子どもの世代では置かれた環境、考え方は違ってくるわね。仕事に就く時が景気の良い時代と景気が悪い時代では考え方が変わってくるでしょう」

私　：「はい」

先生：「学生時代から言っているけど、分からないことがあれば調べなさい。調べれば、必ず分かるわけではもちろんないわね。でも、その分かろうとする努力をしなさい」

私　：「はい」

先生：「でも、あなたも後輩に良いことを言うようになったのね」

私　：「ありがとうございます」

先生：「ただ、私たちはどうしても目の前の状況を理解するので精一杯になってしまう。目の前の状況だけを見て、それで分かったつもりになってしまう。あなたも同じようなことをしているのであれば、サイトウさんの気持ちも分かるでしょう。一緒に取り組んでみなさい。あなたは自分の事例に取り組むとともに、サイトウさんに伝えることを考えないといけない。大変なことだけど、勉強になるわね。頑張りなさい」

私　：「はい」

先生：「何？　元気ないじゃない。初めは元気だったのに、どうしたの？」

私　：「いえ、バカだなと思いました。私が」

先生：「どういうこと？」

私　：「サイトウさんに素敵なことを言えたって一人、満足感に浸っていました。先生に一歩でも近づけたかなと勝手に思っていました」

先生：「ああ、そう。あなた、私のようになりたいの？」

私　：「いえ。いえ、あっ違う。なりたいです」

先生：「あら、そうなの。でも、それは無理よ。あなたが私になったら、困るでしょう」

私　：「何て言っていいか分かりません」

先生：「私のコピーはいらない。みんな、それぞれが違う経験をして、成長していく。それぞれ違うから面白いんじゃない。あなたは、あなたで頑張りなさい」

私　：「はい」

先生にお礼を言い、私は駅に向かい、地下鉄を乗り換え、新宿駅で下りの特急電車を待っていました。待っている間、ひきこもる彼らが生活する時代について考えていました。

彼らが生まれたのは一九八〇年代。二〇歳になったのは平成一五年前後。西暦にすれば二〇〇〇年に入った辺り。ネットで検索すると、「プレッシャー世代」、バブル崩壊後の景気の氷河期が終わり、周囲から期待され、プレッシャーを強く受けた世代と書かれていた。彼らが成人になった二〇〇三年、ＳＭＡＰの『世界の一つだけの花』が大ヒットしていた。『世界に一つだけの花　一人一人違う種を持つ　その花を咲かせることだけに　一生懸命になればいい』（JASRAC 出 2207434-201）と歌詞に書かれているように、他人と比べず、それぞれが自分のやることを自分で見つけることが尊いと言われた時代。皆、同じ方向に行くのは良くない。でも、それぞれ違う方向に行くにしても、それを見つけられなかったら、どうすれば良いのだろうか？　私はそう思いました。自分探しを求められ、それができなければ自分の責任とされる。そんな時代に生きる彼らが抱える生きにくさを私は想像しただけで辛くなりました。「どうしよう？」。新宿駅に着いた下りの特急電車に乗り、私は大きなため息をつきました。

第3章

起点／スタート

動かないといけないと思うのに、動かない理由。私のコピーを作るのではなく、相手にあった言葉かけ。ケイコ先生との振り返りの後、私は先生から言われた言葉を反芻していました。ただ、反芻してはみても、私の中ではどうしていけば良いのか、分かりませんでした。私はこれからどうすれば良いのだろう？

考えても、考えても、答えは出てきませんでした。時間ばかりが経過し、ヨウヘイさんとコウイチさんの面接日を迎えました。本人に聞いてみよう、その時の私はそう思いました。

事務室の時計の針が一〇時を回ったのを確認して、私は待ち合いスペースに行きました。ヨウヘイさんは待ち合いスペースに置かれた漫画本を読んでいましたが、私が来たことに気づき、漫画本を本棚に置き、立ち上がりました。私はヨウヘイさんに声をかけ、相談室に案内し、椅子に座るように促し、面接を始めました。

私：「こんにちは」
彼：「こんにちは」
私：「先月お会いしたのが一か月前。この一か月の様子はいかがですか？」
彼：「変わりありません」
私：「そうですか。生活に変化はありましたか？」
彼：「ありません」
私：「起きる時間も、寝る時間も変わりませんか？」
彼：「変わりません」
私：「ゲームの時間はどうですか？」
彼：「変わらないです」
私：「ここに来る以外に外出をしましたか？」
彼：「雑誌を買いに行きました」
私：「雑誌って、先月話していたもの？」
彼：「はい」
私：「他にはどうですか？」
彼：「ショーを見に行きました」
私：「どこに行きました？」
彼：「ショッピングセンター」

私：「そこまでは何で行くのですか？」
彼：「車です」
私：「車？　運転するのですか？」
彼：「します」
私：「そうですか。他にもどこか行きましたか？」
彼：「行っていません」
私：「ショーをご覧になった感想はいかがでした？」
彼：「良かった」
私：「何が良かったですか？」
彼：「アクションもしっかり練習していて、見応えがありました」
私：「それは良かったですね。ヨウヘイさんは何かしたいことはありますか？」
彼：「ありません」
私：「ヨウヘイさん、私、一つ教えてほしいことがあります。私が分からないから教えて下さい。先月、何かできそうなことを探そうと話した時に、気が進まなそうだったけど、その理由は何かありますか？」
彼：「理由……」
私：「理由。周りからこれをしてみない？　とか聞かれるのは嫌？」
彼：「嫌」

私：「そう。嫌な理由を聞いても良いかな?」
彼：「断れないから」
私：「断れない? ごめんなさい。もう少し、教えて下さい。断れないって、例えば、私がこれをしてみない? と言ったら、断れないということ?」
彼：「はい」
私：「断れないのは、ヨウヘイさんにとっては良くないこと?」
彼：「僕は何をして良いのか分からない。分からないから、これをしてみないと言われても、想像できない。想像できないと不安になる」
私：「不安であれば断れば良いけど、それができない?」
彼：「できません」
私：「そうかあ。それは辛いね。どうしたら良いのだろう?……」
彼：「……」
私：「どうしたら……」

私とヨウヘイさんは無言のまま、時間を過ごしました。考えても、良い考えは浮かばず、面接の終了時間になってしまいました。一か月後の日程を確認し、ヨウヘイさんと別れ、私は待ち合いスペースに行きました。コウイチさんは足組をしながら座り、右手にスマホを持ち、操作していました。私はコウイチさんに声をかけ、相談室に案内しました。

私：「こんにちは。お待たせをして申し訳ありません。どうぞ、おかけ下さい。先月から一か月経過しましたが、この一か月の様子はいかがですか？」
彼：「変わりありません」
私：「そうですか。生活の様子も変わりませんか？」
彼：「変わりません」
私：「ゲームはしていますか？」
彼：「しています」
私：「どのくらいの時間？」
彼：「ほとんど」
私：「ゲーム以外にやりたいことはありますか？」
彼：「ないです」
私：「コウイチさん、一つ教えて下さい。私が分からないから。コウイチさんがやりたいことがないのであれば、私がこんなものだったらどうかと探すこともできるけど、それはしても良いかな？」
彼：「……嫌……」
私：「ダメかな？」
彼：「ダメではないけど……」

私：「気が進まない？」
彼：「……（頷く）……」
私：「そう。コウイチさんが、気が進まないと感じる理由は何だろう？」
彼：「考えるのが嫌」
私：「考えるのが……」
彼：「芦沢さんが探してきて、これはどうか？　と聞かれても、考えることができない」
私：「考えることができないというのは、イメージができないということ？　それとも、イメージはするけど、そのこと自体が苦痛で嫌だということ？」
彼：「苦痛で嫌」
私：「そう」
彼：「何をしたら良いか分からず、家族や周りからは色々言われてきた。でも、何かを提示されると、考えないといけない。考えると、その後のことも考えてしまう」
私：「その後のことって？」
彼：「そこで仕事をしたら、どうなるのか？　そこにいる人と上手くやれるのか？　決まった時間に出勤できるのか？　色々と考えてしまう」
私：「今、思ったけど、例えばその場所に行くという話が出たら、そこの場所まで下見に行ったりするの？」
彼：「する。行ったら行ったで、それ以外のことも考えてしまう。考えるだけで疲れてしまい、それが苦痛で仕方がない」
私：「そうかあ。大変なことを強制することになってしまうのだね。知らなくて、ごめんなさい」
彼：「……」
私：「そうかあ。どうすれば良いのだろう？　どうすれば……」
彼：「……」

その後はコウイチさんとの面接と同じように、無言の時間が過ぎました。予定の時間となり、その日の面接は終了し、来月の予定を確認し、コウイチさんとは別れました。
二人との面接を終え、私は事務室の自席に戻り、その日の面接を振り返りました。二人とも今の状態が良くないとは思っている。だけど、周りから何かすることを提案されると拒否をしてしまう。拒否をすれば、周りは将来のことを考えていない。ダメな人達だと彼らを見てしまう。でも、話を聞くと、彼らは考えていないのではなく、考え過ぎてしまっている。まだ、見学をしていない。相手方とも話をしていない。その場に行くことも決まっていないのに、決まった後のことまで考えてしまう。職場にどのような人がいるのかも分からないのに、想像して、そのことで頭が一杯になり、それが辛いと話す。コウイチさんは、以前、ゲームをするのは楽しいわけではないと話していた。考えることが辛い時、それを避けるために自分にとって負担の少ない、以前やっていて、答えが分かっているゲームをしているのかもしれない。そんなふうに私は思いました。でも、そう思ったものの、これから先、どのように進めていったら良いのか、私には分かりませんでした。

二週間後の土曜日、サイトウさんとのスーパービジョンの日を迎えました。私は一〇分前に会議室に入り、窓を開けて、換気をし、サイトウさんが来るのを待っていました。五分前になった時、扉が開き、サイトウさんが会議室に入ってきました。

サイトウ：「こんにちは」
私　　　：「こんにちは」
サイトウ：「遅くなって、申し訳ありません」
私　　　：「まだ時間になっていませんよ。大丈夫です。落ち着かず、早く来てしまう私がいけないのですから」
サイトウ：「いえ、そんなことはありません」
私　　　：「はい。では準備ができたら、声をかけて下さい」
サイトウ：「大丈夫です。よろしくお願いします」
私　　　：「はい。よろしくお願いします。シゲルさんはその後、どうなりましたか?」
サイトウ：「体験を一週間、無事に終えました。体験を終え、病棟に戻ってきた時に話をしました。私、シゲルさんは途中でダメになるのではとどこかで思っていました。だから、無事に一週間の体験を終えたのが嬉しくて、シゲルさんのところに行きました。体験を終えれば、あとはグループホームの判定会議があり、それが大丈夫であれば市役所とも話をし、正式入所が決まります。シゲルさんのところに行き、話をしたら、シゲルさん、グループホームには行かないと言うのです」

私　　：「どういうこと？」

サイトウ：「グループホームの体験はした。やってみて、大変だった。やっぱり、家が良いから、グループホームには行かないと言うのです」

私　　：「それでどうしたの？」

サイトウ：「私、その話を受け入れられなくて。一週間体験をしたのに。大変だったけど、慣れていないだけ。慣れれば大丈夫ですよとシゲルさんに言いました。だけど、ダメ。グループホームと言っても、期限はあり、一旦病院から移り、今後のことは考えましょうと言いましたけど、ダメでした」

私　　：「シゲルさんは何て言うの？」

サイトウ：「期限があり、最終的に家に帰るのであれば、大変な思いをして慣れる必要はないと言うのです」

私　　：「それでどうしたの？」

サイトウ：「そう言われてしまうと何も言えなくて。お母さんにそのことを伝えたら、どうしようもない子どもだと言っていました」

私　　：「医師や他のスタッフの反応はどうですか？」

サイトウ：「医師や看護師はシゲルさんがグループホームには行かないと言った時に説得をしまし

た。でも、シゲルさんが頑なに拒むので、仕方ないと諦めました」
私　　：「そう。サイトウさんはどうしたの？」
サイトウ：「私もシゲルさんを説得しました。でも、やはりシゲルさんの返事は変わらず。これ以上、言ってもダメだなと思いました」
私　　：「これからシゲルさんのことはどうなるの？」
サイトウ：「グループホームへの退院は諦め、お母さんと話をし、外泊をしながら、退院を目指そうとの話になっています」
私　　：「お母さんともそういう話になったの？」
サイトウ：「お母さんとはそういう話になっていません。病院のスタッフの間でそういう話になりました」
私　　：「サイトウさんは今後、シゲルさんとどのように関わるの？」
サイトウ：「現時点でグループホームの話はなくなったので、お母さんや本人と話をしながら、自宅への退院を進めたいと思います」
私　　：「自宅への退院を進めるってどうするの？」
サイトウ：「お母さんを説得しようと思います」
私　　：「お母さんは説得すれば、受け入れてくれる？」
サイトウ：「分かりません」
私　　：「今、お母さんを説得しようと思っているけど、グループホームへの退院を進めようとした時はそうは思わなかったの？」

サイトウ：「……」

私　　　：「サイトウさんはシゲルさんのことをどうしようと思っていたのだろう？」

サイトウ：「どうしよう？」

私　　　：「私たちが人と関わる理由って何だろう？」

サイトウ：「相手の生活が良くなるために関わります」

私　　　：「シゲルさんの生活が良くなるとはどういうことだろう？」

サイトウ：「自宅に帰りたいというシゲルさんの希望を叶えること」

私　　　：「でも、サイトウさんはグループホームに行くことが現状から考え、良いと考えたのではなかった？」

サイトウ：「でも、それが難しいとなったので、本人の希望通り、自宅へ退院することを応援することにしました」

私　　　：「グループホームに行くことができたら、それでも良かった？」

サイトウ：「……」

私　　　：「サイトウさんはグループホームに行く方が良いと思った。でも、シゲルさんはその通り動いてくれなかった。動いてくれない以上は、今の状況の中で本人の希望に沿うしかない。そんなふうに聞こえてくるけど、それで間違っていない？」

サイトウ：「間違っていないです」

私　：「そう。サイトウさん自身はそのようになった状況をどう思っていますか？」

サイトウ：「私は……。私は……。私はシゲルさんの希望に沿って、話を進めたかったです。でも、医師や看護師はグループホームへの退院を決めていて。私も意見を言おうとしましたが、自宅とグループホーム、どちらにしてもトオルさんは一人になる。そうなった時に何もできずに困るのはシゲルさん。早いなら早くに体験した方が良いと看護師などが話しているのを聞き、その通りだなと思いました。だから、お母さんと一緒に説得しました。でも、体験が終わった後、グループホームには行かないと言われ、何で？　と思う気持ちとやっぱりと思う気持ちがありました」

私　：「そのところをもう少し教えて下さい。何で？　というのは分かるけど、やっぱりというのはどういうことですか？」

サイトウ：「シゲルさんは元々、グループホームに行くつもりはなかった。でも、お母さんや私も説得するから、避けることができなくなった。だから、体験だけは受けたのだと思いました。シゲルさんに嫌な経験をさせてしまったと思いました……（涙声）……」

私　：「そう」

サイトウ：「私、どうして良いか分からなくて。シゲルさんに何て言って良いか、分からなくて。グループホームへの退院を進めたのに、今度は自宅への退院を進める。退院すれば、どこでも良いのかとシゲルさんに思われているような気がして」

私　：「そう」

サイトウ：「……」
私：「私に話したことをシゲルさんに伝えてみたら、どうかな?」
サイトウ：「えっ?」
私：「自分自身はこんな気持ちだった。今はこんな気持ちであると」
サイトウ：「でも……」
私：「私はケイコ先生から言われた言葉で今も心に残っているものがある。それは困った時はクライエントに戻れ。今、サイトウさんがどうして良いか分からないのであれば、クライエント、シゲルさんに戻ればよい。その上で、どこで間違えてしまったのか、どこで糸が絡まってしまったのかを探し、見つけ、解いていけば良いように思うけど」
サイトウ：「……はい」
私：「それと、これは私がケイコ先生に言われたことだけど、私たちは歴史の中で生きている」
サイトウ：「?・?」
私：「いきなりそんなことを言われても、困るよね。具体的に言うと、私は今、ひきこもりの人達と関わっています。主に関わっているのは三〇代の男性。彼らの親は五〇代～六〇代。親はバブルの時代。景気が良くて、仕事に就くことができた時代。でも、私が今、関わる彼らはバブルがはじけ、景気が良くないのが当たり前の時代に生きている。正規の仕事よりも非正規の仕事が多く、学生の頃は他人と比べず、自分自身のしたいことをすることが良いと教育された世代。当然、親と本人では考え方は変わってくる。それと同じように、シゲルさんが生活してきた歴史を理解することも大事じゃないかなと思うんだ」

サイトウ：「はい」

私　　：「どんな時代を過ごしてきたのか、それを調べることでシゲルさんを今よりも理解することができるかもしれないよ」

サイトウ：「はい」

私　　：「やってみよう」

サイトウ：「はい」

私　　：「はい。時間になったね。次回も一か月後で良いですか？」

サイトウ：「はい。よろしくお願いします」

私　　：「お疲れ様でした」

サイトウ：「お疲れ様でした」

サイトウさんと別れ、私は誰もいない会議室の椅子に座り直しました。サイトウさんにはああは言ったけど、言った私はできているのだろうか？　どうすれば良いのだろう？　サイトウさんに聞かれ、分かったようなことを言った私が、今は同じことを言っている。「矛盾しているな」、私は独り言を言いました。

一週間後、私はいつものようにケイコ先生が来るのを会議室で待っていました。いつもは遅れてくるケイコ先生が五分前に来ました。

先生：「こんにちは」
私　：「こんにちは」
先生：「待った？」
私　：「待っていません」
先生：「そう。今日はいつもより道がすいていたから、早く来られた気がするわ」
私　：「はい」
先生：「何？」
私　：「何でもありません。よろしくお願いします」
先生：「よろしく。あなた、ひきこもりの人達とはどうなの？」
私　：「はい。彼らに動かない。いえ、動けない理由を聞いてみました。彼らは動きたくない訳ではなく、動こうと思うと色々なことを考えてしまい、動けなくなると話していました」
先生：「そう。それでどうしたの？」
私　：「そう言われてしまうと、何も言葉を返せなくて。無言で時間ばかりが経ってしまい、まだ何もできていません」

先生：「そうなの。サイトウさんはどうだったの？」
私　：「グループホームの体験は終えることができました。ただ、体験終了後に本人よりグループホームには行かないと言われ、結果としてはグループホームには行かず、母がいる自宅への退院に向けて話を進めることになりました」
先生：「それを聞いて、あなたはどうしたの？」
私　：「サイトウさんより、どうして良いか分からないと言われ、どうして良いか分からないのであれば、シゲルさんに戻れば良い、シゲルさんに自分自身が思ったことを伝えてみたらどうかと伝えました」
先生：「サイトウさんは何て言っていた？」
私　：「私の方でやってみようと伝え、サイトウさんは『はい』と答えていました」
先生：「そう。難しいわね」
私　：「難しい？」
先生：「そうね。難しい。あなたが言った通りにサイトウさんが動けるかと言えば、難しい。かと言って、何を彼女に伝えるのかと考えると、難しいわね」
私　：「はい」
先生：「あなた、人と関わる上で大事なことって何だと思う？」
私　：「相手のことを理解することです」
先生：「そうね。大事なことね。相手を理解するためにはどうしたら良いのだろう？」

私　：「相手の状態を見て、話を聞いて、理解しようと努力するしかないと思います」
先生：「そうね。でも、相手の状態を見て、話を聞いても、理解できない時はどうしたら良いのだろう？」
私　：「え？」
先生：「私たちは頑張れば、相手を理解できるって思うでしょう？」
私　：「はい」
先生：「でも、その為には相手が話をしてくれないといけない。相手が自分自身の状態を説明できないといけない。それらがなくても、私たちが理解できるだけの力がないといけない。でも、そんなことはできるのだろうか？」
私　：「はい」
先生：「そもそも、相手のことを理解できないこともある」
私　：「はい」
先生：「そう考えると、理解できない相手と関わり続けることになるでしょう？」
私　：「はい」
先生：「何が大事だと思う？」
私　：「何が大事？」
先生：「そう。あなた、ネガティブケイパビリティって知っている？」
私　：「はい」

先生：「不確実なものを受け止める力、耐える力と言えるかもしれないわね」

私　：「耐える力」

先生：「私たちとクライエントの大きな違いは？」

私　：「大きな違い？」

先生：「私たちは逃げることができるということ。大変な状況で相談に来たクライエントがいたとする。彼らは大変な渦中にいる。でも、私たちはその状況に立ち寄っても、辛くなればその場から離れることができる。色々な理由をつけてね」

私　：「はい。私たちは逃げることができると思います」

先生：「そうね。一期一会の出会いをしたのであれば、逃げずに踏みとどまってみなさい。逃げるのはいつでもできるから。一度逃げてしまえば、次に同じような状況が起こってもあなたは逃げ続けることになる。ソーシャルワーカーになりたいんでしょう」

私　：「はい」

先生：「なら、踏ん張ってみなさい。その上で何ができるのか一生懸命、考えなさい。クライエントはあなたが成長するための課題を与えてくれた。有難いと思いなさい」

私　：「はい」

先生：「頑張りなさい」

私　：「はい」

先生と離れ、電車に乗り、気づけば塩山駅に着いていました。その間、先生に言われた言葉がグルグル、私の頭の中を回っていました。私はいつになったら、ソーシャルワーカーになれるのだろう?「悩む日々は続くよ。どこまでも」。電車の窓から遠くに見える富士山を見ながら、私は思いました。

過程／プロセス

耐えて、踏ん張る。言葉で言うのは簡単。でも、それを実行するにはどうすれば良いのだろう？ ただ、何もせず、我慢していれば状況が動くのかと言えば、そうは思えない。なら、どうしたら良いのだろう？ 先生との振り返り後、同じ問いが私の頭の中を浮かんでは消えていました。「踏ん張ってみるしかない」、面接の場で起こることを受け入れ、その場から逃げず、居続けよう。私はそう思いました。

事務室の時計の一〇時になったのを確認して、私は待合に行き、座って漫画本を読んでいるヨウヘイさんに声をかけ、相談室に案内しました。ヨウヘイさんが椅子に座ったのを確認し、面接を始めました。

私：「こんにちは」

彼：「こんにちは」

私：「先月お会いして一か月が経ちました。この一か月の様子はいかがですか？」
彼：「変わりありません」
私：「変わりない。そうですか。外には出ましたか？」
彼：「雑誌を買いにいきました」
私：「他にはどこか出かけました」
彼：「ドライブに行きました」
私：「どの辺りまで行ったのですか？」
彼：「近くの観光施設まで行き、帰ってきました」
私：「今までも行ったことがありましたか？」
彼：「以前、親と行ったことがあり、久しぶりに行ってみました」
私：「行ってみて、どうでした？」
彼：「特に何も……」
私：「そうですか。体調は変わりありませんか？」
彼：「ありません」
私：「気になることはありますか？」
彼：「ないです」
私：「そうなのですね。ヨウヘイさんと話をさせていただいて、回数を重ねてきました。毎月、ヨウヘイさんとお会いすることができ、有り難いなと思います。ヨウヘイさんのことを理解するために、良ければ教えて下さい。ヨウヘイさんは今の自分自身の生活について、どう思いますか?」
彼:「どう? 難しいです。何を聞かれているのかが分かりません」
私:「ゴメンナサイ。分かりにくくて。今の自分自身の生活、毎日の生活を変えたいと思いますか?」
彼:「難しいです」
私:「どういうことですか?」
彼:「今の生活が良いか、どうかは分かりません。ただ、何かした方が良いとは思います。でも、何をしたら良いかが分からない」
私:「そこをもう少し教えて下さい。何をしたら良いか分かれば、動けると思いますか?」
彼:「分かりません」
私:「何か目標が定まれば良いというわけではないのですね。目標はあった方が良いですか?」
彼:「目標があると、そのことを考えてしまい、できなければどうしようと考えてしまいます」
私:「そうすると、動けなくなりそうですね。それはしんどいと私は感じます。一緒に暮らす家族から何か言われますか?」
彼:「母からは何か行動するように言われます。父からは何も言われません」
私:「ヨウヘイさんは両親以外に誰と一緒に生活していますか?」
彼:「祖母と妹です」
私:「お祖母ちゃんと妹さんは何か言いますか?」
彼:「祖母は何も言いません。雑誌を買いに外に行く時に、祖母はお小遣いをくれます。妹はまだ学生で、『お兄ちゃん、いい加減に動いたら』と言われます」
私：「私がそれを言われたら、キツイですね。言われて、大丈夫ですか？」
彼：「もう慣れました。今の年齢になっても動かない私も悪いので」
私：「動かないではなく、動けないように私は思います。ヨウヘイさん、元々ここへの相談はご両親と一緒に来てくれていましたが、ここ数年はご両親からお話を聞いていません。私も新しく担当になりましたので、ご両親、お母さんで良いですかね。お母さんに連絡を入れ、一度話をしたいと思っていますが、良いですか？」
彼：「別に構いません」
私：「ありがとうございます。お母さんと話した内容については、次回、お会いする時に報告します」
彼：「報告はしなくて良いです」
私：「え？　どういうことですか？」
彼：「芦沢さんと母が話をするのは構いません。ただ、どんな話をするのかを考えると、気になってしまいます。次回、報告を聞いたら、そのことを考えてしまうと思うので、僕への報告はいらないです」
私：「分かりました。では、最後に次回の日程だけ確認させて下さい。一か月後の同じ時間帯で良いですか？」
彼：「良いです」

私：「では、その時間帯に予定を入れておきます。ありがとうございました」
彼：「ありがとうございました」

ヨウヘイさんとだけ話をしていても、同じ話になってしまう。彼の状況は彼だけで構成されている訳ではない。彼を取り巻く環境に影響を受けながら、形作られている。そう考えると、私は彼以外に、彼に影響を与えている人の話を聞く必要があると思いました。
ヨウヘイさんの面接を終え、一度事務室に戻り、次のコウイチさんを呼びに待ち合いスペースに行きました。いつもはスマホを操作していますが、コウイチさんは何もせず、座って待っていました。
コウイチさんに声をかけ、相談室に案内しました。

私：「こんにちは。お待たせをしました」
彼：「こんにちは」
私：「コウイチさん、いつも待合で待って下さっている時にスマホを操作されていますが、何をご覧になっているのですか？」
彼：「……書き込み」
私：「書き込みって？」
彼：「2ちゃんねる」
私：「2ちゃんねるって、私は見たことがないけど、匿名の書き込みが書かれている掲示板のこと？」
彼：「そう」
私：「どんな書き込みを見るのですか？」
彼：「ひきこもりについての書き込みを探して、見ている」
私：「ひきこもり……。その書き込みを見て、どんなことを考えるのですか？」
彼：「自分と同じような人がいるのだと思う。あと……」
私：「あと？」
彼：「バカなことを書いている人のものを見て、笑う」
私：「バカなことって？」
彼：「ニートで生きていくとか、仕事なんかしないとか」
私：「そう。それを見ると、少し落ち着く？」
彼：「落ち着くわけではないけど、どうしても見てしまう」
私：「そう。コウイチさんも書き込みで他の人が書いているようなことを考えたりする？」
彼：「考えることはあるけど、考えないことにしている」
私：「どういうこと？」
彼：「考えると辛いから。でも、考えてしまうから、他の人が考えているものを見ている」
私：「そうなんだね。コウイチさんのことについて、一緒に生活をしている家族から何か言われる？」

彼：「母はいつまでそんな生活をしているのと言う。父はほとんど一緒にならないから言わない」
私：「両親以外にご家族はいますか?」
彼：「兄貴がいます」
私：「お兄さんは何か言いますか?」
彼：「兄貴は仕事をしていて、夜勤があったりして不規則だから、ほとんど会うことはない」
私：「そうですか。コウイチさん、ここへの相談、最初はお母さんと一緒に来ていたと思います。私も新しく担当となり、お母さんとお話をしてみたいと思いますが、良いですか?」
彼：「別に良いです」
私：「嫌ではない?」
彼：「前の担当の小林さんも母と話したいと言って、話をしていたので、別に構いません」
私：「お母さんに言ってほしくないこととかありますか?」
彼：「別にないです。どうせ泣くだけですから」
私：「泣くだけ?」
彼：「母はすぐに泣きます。多分、芦沢さんの前でも泣くと思います」
私：「そうですか。次にコウイチさんにお会いする前にお母さんと話をしたいと思います。何を話したのかはまた報告します。そんな形で良いですか?」
彼：「別にどっちでも良いです」
私：「分かりました。では、最後に次回の予定の確認をしたいと思いますが、一か月後の同じ時間帯で良いですか？」
彼：「大丈夫です」
私：「ありがとうございます。それはまた来月」
彼：「ありがとうございました」

ヨウヘイさんとコウイチさんの面接を終え、午後に入っていた二件の面接を終え、その日の夕方、二人の母親にそれぞれ電話を入れてみることにしました。
まずは、ヨウヘイさんの母親。記録を見ると、お母さんは五〇代で、介護士をしているとの記載がありました。連絡をしてみると、お母さんに繋がりました。

私：「もしもし、精神保健福祉センターの芦沢と申します。ヨウヘイさんのお母さんでいらっしゃいますか？」
母：「そうです」
私：「申し訳ありません。急な連絡をしまして。四月より新しくヨウヘイさんの担当になりましたが、お母さんへの連絡をさせていただいておりませんでしたので、本日させていただきました。今、少しお時間、よろしいでしょうか？」
母：「何ですか？　私、忙しいのですが……」
私：「申し訳ありません。記録を拝見しますと、私たちのところに最初に来られた時は、ご両親と本人が一緒に来られていたと書かれていましたので、お母さんに本人の様子や今後についてのお考えなど、伺えたらと思い、お電話しました」

母：「本人は変わりありません。私たちには何も話しませんので、何を考えているのかも分かりません。食事も一人で食べますし、本人はほとんど部屋で過ごしていますので、何をしているのかも分かりません。そちらに伺い、時間も経つので、そろそろ動いてほしいと思っていますが、なかなか動きません。そちらで本人はどうですか？」

私：「私は四月からの関わりなので、分からないこともありますが、毎月来られ、お話をして下さっています」

母：「本人、話をするのですね」

私：「はい、して下さっています」

母：「そうですか。であれば、本人と話をして、上手く進めて下さい」

私：「本人に話をしながら、やっていきたいと思います」

母：「よろしくお願いします」

私：「こちらこそ、よろしくお願いします。今日はお忙しい中、ありがとうございました」

ヨウヘイさんの母への電話を終え、次にコウイチさんの母へ電話を入れてみました。記録を見ると、コウイチさんの母親は六〇代で専業主婦をしていると書かれていました。

私：「もしもし」

母：「もしもし」

私：「申し訳ありません。私は精神保健福祉センターの芦沢と申します。コウイチさんのお母さんでいらっしゃいますか？」

母：「はい、そうです」

私：「急なお電話で申し訳ありません。今、お電話、よろしいでしょうか？」

母：「はい、何でしょうか？」

私：「四月より人事異動に伴い、前任の小林より私、芦沢が担当となりました」

母：「コウイチから聞いています。よろしくお願いします」

私：「こちらこそ、よろしくお願いします。記録を拝見しますと、私たちのところには最初、本人はお母さんと一緒に来られたと書かれていましたので、本人のご様子やお母さんのお考えなどを伺えればと思い、お電話しました」

母：「本人の様子は変わりません」

私：「はい。お母さんからご覧になり、ご心配な点はありますか？」

母：「ほとんどの時間を部屋で過ごしていますので、健康は大丈夫かな？　と心配しています」

私：「他にはいかがですか？」

母：「食事は、朝は食べませんが、昼と夜は一緒に食べますし、コウイチとも話をします。その様子を見ていますと、何で動けないのかと思ってしまいます」

私：「お母さんとすると、どんなお気持ちですか？」
母：「コウイチには兄がいますが、兄は高校を出て、仕事に行っています。どうしても男二人なので、兄とコウイチを比べてしまい、あの子を苦しめてしまったのではないかな……（涙声）」
私：「私もまだ四月からで分からないこともありますが、本人と話をしながら、やっていこうと思います。今日はいきなりの電話で申し訳ありませんでした。お母さんの方で気になることがあれば、芦沢と申しますので、言っていただければと思います」
母：「よろしくお願いします」
私：「よろしくお願いします」

息子に関心を示さないヨウヘイさんの母。一方、息子のことが心配で仕方がないコウイチさんの母。「対照的だな」と感じるとともに、本人は自分の思いや考えを話す、話したことを母に聞いてもらう経験をしてこられたのだろうか？　そして、今も経験できているのだろうか？　と考えてしまいました。

二週間後、私はいつもの会議室でサイトウさんを待っていました。待っている間、その後サイトウさんはシゲルさんとどのように関わっているのだろう？　と考えていました。前回、私はシゲルさんに戻るように伝えました。サイトウさんはその言葉を受け、どうしただろう？　相手がどう動くかを考えるくらいなら、自分で動いてしまった方が気持ちの上では楽だなと思いました。ケイコ先生も私と同じようなことを思うのだろうか？　そんなことを考えていると、予定の時間になりました。

ドアをノックする音がしたので振り向くと、サイトウさんがドアを開け、入ってきました。

サイトウ：「こんにちは」

私　　　：「こんにちは。どうぞ」

サイトウ：「ありがとうございます」

私　　　：「荷物は後ろの机の上に置いていただいても、大丈夫です」

サイトウ：「ありがとうございます」

私　　　：「体調は大丈夫？」

サイトウ：「はい。大丈夫です」

私　　　：「そう。それは良かった。大丈夫になったら、声をかけて下さい」

サイトウ：「……大丈夫です。よろしくお願いします」

私　　　：「よろしくお願いします。では、シゲルさんのその後について教えて下さい」

サイトウ：「はい。前回の振り返りの後、シゲルさんに今の自分の気持ちを伝えてみようと思い、病棟をラウンドした時にシゲルさんに声をかけ、話をする時間を作ってもらいました」

私　　　：「うん、それで……」

サイトウ：「シゲルさんに、病院は病状が良くなれば退院になる。シゲルさんの希望する自宅への退院を進めたいと私も思った。でも、お母さんに退院についての心配があり、お母さんを説得する時間などを考えると、グループホームに一旦退院する方がシゲルさんの為には良いと考えた。体験をしたものの、シゲルさんからグループホームへの退院を嫌だと言われ、今後どうして言ったら良いか、私自身が困ってしまったことを伝えました」

私　　：「話をして、どうだった？」

サイトウ：「シゲルさんに……ゴメンナサイと言われて……」

私　　：「どういうこと？」

サイトウ：「シゲルさん……（涙声）。嫌な思いをさせてゴメンナサイって」

私　　：「うん」

サイトウ：「私、そんなことないです。私の方こそゴメンナサイと言いました。そしたら、シゲルさん、病院は退院しなきゃならないことも、母が心配することも、サイトウさんがグループホームを勧めることも分かっています。でも、家に帰りたい。俺は家にいないといけないとシゲルさんは話しました」

私　　：「うん」

サイトウ：「シゲルさんは二人兄弟の次男。お兄さんはシゲルさんの三つ上。勉強もでき、高校を卒業後に会社員となりました。シゲルさんも優秀で、高校生の時は学年でも上位の成績を収めていたそうです。でも、高校二年生の頃から体調を崩し、学校を休むようになり、高校を卒業後は担任の紹介で仕事に就いたものの、職場の人間関係が上手くいかず、半年程で退職。その後は定職に就けず、アルバイトを転々としていたそうです。家族を支える自慢の兄に比べ、親に心配をかけ続ける自分自身が嫌で、トオルさんは苦しんだと話していました」

私　　：「そうなんだね。それで」

サイトウ：「トオルさんが二五歳の時、兄が交通事故で亡くなってしまい、両親はかなり落ち込み、それを見て、シゲルさんは自分がしっかりしなければと思い、就職活動を頑張るものの、上手くいかず、無理をして体調を崩すということを繰り返していました」

私　　：「大変だね」

サイトウ：「そうなんです。三年前、父が亡くなり、母と二人となり、年々老いていく母を見ていて、自分が母を支えないといけないとシゲルさんは思っていると話してくれました」

私　　：「そうなんだね。シゲルさん、優しいね」

サイトウ：「はい」

私　　：「でも、その気持ちをシゲルさんは病院の人やお母さんに何で言わなかったのだろう？」

サイトウ：「シゲルさん、言えないって言っていました。散々迷惑をかけてきた自分が母を支えると言ってもまともに取り合ってもらえない。前、お母さんにそのことを言ったら、お母さんのことは自分でするから、お前も自分のことをしなさいと言われたそうです」

私　　：「そうなんだね」

サイトウ：「前回、芦沢さんに言われ、シゲルさんが生きてきた時代について調べてみました。シゲルさんが学生の頃は景気も良く、バブルの時代。頑張れば報われると多くの人が思っていた、思うことができた時代だと思います。その中で、シゲルさんはその波に乗ることができなかった。その辛さ、苦しさをシゲルさんは抱えているのではないかと思いました」

私　：「そうだね。それでサイトウさんはシゲルさんとどうしていくという話になったんだろう？」

サイトウ：「お母さんと一緒に生活するにはお母さんを説得しないといけない。お母さんを説得するにはお母さんが心配している内容を私とシゲルさんが理解しないといけないと思いました。私がお母さんに心配している内容を聞き、それをシゲルさんに伝えることにしました」

私　：「サイトウさんとシゲルさんとの間でそのような話になったのは分かりました。他のスタッフにはどのように話を進めていきますか？」

サイトウ：「私はお母さんに話を聞くので、シゲルさんは身の回りのことが少しでもできるように洗濯は業者に頼まず、自分で行う。薬を毎回、看護師より渡されているのを朝、一日分渡され、一日分を自分で管理する形に変えることにしました。それを主治医と看護師に相談し、決めました」

私　：「シゲルさんと目標を定め、それに向けて進めるようになったんだね。凄いね」

サイトウ：「そんなことないです。初めからそうしていれば良かったんだと思います」

私　：「シゲルさんは洗濯や薬の管理をやってみて、どうだった？」

サイトウ：「洗濯は自分で病棟の洗濯機にお金を入れ、週一～二回、洗っています。全ての衣類を一緒に入れてしまい、上手く洗えなかったこともありましたが、それは看護師に聞きながら、やっています。薬は一日分、朝に渡され、寝る前に一日分の空の袋を看護師に確認してもらっています。今のところ、飲めていると思います」

私：「そう。それは良かった。お母さんとは話をしてみた？」

サイトウ：「連絡をしてみました」

私：「どうだった？」

サイトウ：「シゲルさんがお母さんと一緒に暮らすことを希望していること。これまで迷惑をかけてきたので、お母さんを支えたいと話していることを伝えました」

私：「うん」

サイトウ：「お母さんからは私はシゲルと一緒に暮らすつもりはありませんと言われました」

私：「理由は？」

サイトウ：「あの子は薬を飲んで、落ち着いていれば優しい子。私もあの子が可愛くないわけではない。でも、毎回具合が悪くなり、そうなると何を言ってもダメ。昔のことを延々と話し続け、私を休ませてくれない。あの子の気持ちは嬉しいですが、とても一緒には住めませんと言われました。私、本人は洗濯も自分でし、薬も自分でしっかり管理できるように練習していますと伝えましたが、それならあの子はあの子だけで暮らしてほしいと言われました。そう言われてしまうと、何も言えなくて……」

私：「そうかあ。お母さんからの話はシゲルさんに話したの？」

サイトウ：「話しました。シゲルさん、お母さんに断られたことを伝えたら、ショックを受けていました。俺も一生懸命に頑張っているのに。何でダメなんだよと話していました」

私　　：「今後、どうしようと考えていますか？」

サイトウ：「今、やっていることを続け、お母さんを説得し続けるしかないかなと思います」

私　　：「それを続けたら、状況は変わりそう？」

サイトウ：「分かりません」

私　　：「これまで自宅に帰るとグループホームに行くという二者択一の話をしてきたと思います。それ以外の選択肢はあるだろうか？」

サイトウ：「どういうことですか？」

私　　：「自宅に帰るというのはシゲルさんの希望。グループホームに行くというのはお母さんの希望。病院は、最初はグループホームを希望し、今は自宅へ帰ることを希望している。退院先ということで考えれば、そういう話になる。でも、聞いていて、思ったけど、自宅に帰るにしても、グループホームに入所するにしても、本人が身の回りのことをやるという点では同じじゃないかなと思うんだ」

サイトウ：「そうですね。本当だ、同じだ」

私　　：「であれば、退院先が決まらないのであれば、本人が自分のことは自分でやる。その練習を積んだ方が良いように感じる。だって、自宅でもグループホームでも仮に退院先を決めても、自分のことができなければ話はまた止まってしまう」

サイトウ：「そうですね」
私：「洗濯と薬の管理以外、何ができたら良いだろう？」
サイトウ：「えっーと。食事とお金の管理ですかね」
私：「お母さんに頼らず、食事の準備やお金の管理をするにはどうしたら良いんだろう？自分で全てのことができなければ、どんなサービスがあるのだろう？　サイトウさんはイメージができる？」
サイトウ：「できません。退院先のことばかりを考え、その後の生活のことをイメージできていませんでした」
私：「どうすれば良いかな？」
サイトウ：「私がまずは地域での生活を理解しないといけないと思います」
私：「そうだね。それ以外はどうかな？」
サイトウ：「すでに地域で生活している人に聞いてみても良いかもしれないと思いました」
私：「それも良いね。私は以前、精神科病院に勤務していた時に、看護師や作業療法士、心理士と一緒に退院準備プログラムを作ったんだ。そのプログラムの一コマに、既に退院して地域生活をしている人を呼んで、話を聞く機会を設けたことがあったよ。ダメだと思っても、やれることはたくさんあるのかもしれないね」
サイトウ：「はい」
私：「上手く言えないけど、サイトウさん、トオルさんと踏ん張ってごらん。踏ん張って、トオルさんと一緒に悩みながら、一個一個やっていくことがサイトウさんの大きな力になると思います。トオルさんはサイトウさんに色々な経験をさせてくれる大事な先生だね」

サイトウ：「はい。頑張ってみます」

私　　：「頑張ってみよう。では、次回も一か月後で良いかな？」

サイトウ：「はい。よろしくお願いします」

私　　：「よろしくお願いします」

「ありがとうございました」、サイトウさんはお辞儀をし、部屋から出ていきました。誰もいない会議室。私は一人、物思いに耽っていました。結果に拘らず、過程を大事にする。私がサイトウさんに言いたかったこと。でも、自分で言いながら、自分自身が出来ていないことに気づきました。ひきこもる人たちを動かすという結果に拘り、彼らと悩む過程を大事にできていない。踏ん張んなさいとケイコ先生と同じことをサイトウさんに言いながら、自分自身が踏ん張れていない。「情けないな」、私は小さく呟いていました。

一週間後、同じ会議室でケイコ先生が来るのを待っていました。先生に言われそうなことが私の中では想像ができ、それを思うと気持ちが沈む。想像していないところで言われるのも辛いけど、想像していて言われるのはやはり辛い。そんなことを思いながら、先生を待ちました。予定時間の五分前に先生は来られました。

先生：「待たせたわね。待った？」

私　：「待っていません」

先生：「そう。なら良かった。あなた、元気がないじゃない。何かあった？」

私　：「何もありません」

先生：「体調は大丈夫なの？」

私　：「大丈夫です」

先生：「そう。それなら良いわ。じゃあ、始めましょう。サイトウさんの方はどのように進んでいるの？」

私　：「サイトウさんは本人が希望する自宅への退院に向け、洗濯と薬の管理を本人ができるように進めています。そして、自宅への退院についてお母さんから話を聞いています。ただ、お母さんは病状悪化時の本人の様子から、一緒に生活することはできない。本人が努力をしているのであれば、一人で生活が送れるようにしてほしいと言われました」

先生：「あら、そうなの。それで」

私　：「サイトウさんは今後の進め方が分からないと話しましたが、私からは自宅にしても、グループホームにしても、本人が自らのことをやらないといけないのは同じ。洗濯や薬の自己管理以外にもできることはないだろうか？　と聞き、サイトウさんからは食事の準備やお金の管理との話がありました。話をしていくと、サイトウさんが地域生活を送る上で必要なことを知らないとの話になり、既に地域生活を送っている人の話を聞き、サイトウさん自身も調べてみますと話しました」

先生：「そう、前に進めそうなのね。でも、あなた、浮かない顔をしているわね。何かあったの？」

私　：「サイトウさんは良かったなと思いました。でも……」

先生：「何？」

私　：「サイトウさんに結果に拘らず、過程を大事にと私は伝えたかったです。振り返りが終わった後に、一人で考えた時に思いました。でも、それを思った時に、自分自身ができていないことに気づきました」

先生：「どういうこと？」

私　：「私はひきこもりの人達に関わっています。ひきこもる彼らの置かれた状況を理解するために、彼らの母親に連絡し、話を聞きました。一人の母親は本人のことに関心を示さず、もう一人の母親は本人のことを心配し過ぎて不安定になっていました。それぞれの話を聞き、彼らが自らの話を家族にできない、辛い状況を感じることができました。でも、そこで止まってしまいました。私はひきこもる彼らの状況を理解するとしながらも、今の状況から動くことを求めていました。家族に対しても本人が動くのをサポートすることが良いと考えていました。話をする前から私の答えは決まっていたと思います。ひきこもる彼らと悩む過程がない中で、結果だけを求めていた。そのことに気づきました」

先生：「気づいたのね。それでこれからどうしようと思うの？」
私　：「結果は一旦、脇に置き、彼らと一緒に悩んでみようと思います。動けない状況について彼らと話をしようと思います」
先生：「もう少し掘り下げてみましょう。結果を脇に置く。その上で関わり続けるということはどういうこと？」
私　：「どういうこと？」
先生：「結果を脇に置くということは、問題はどう考えるの？」
私　：「問題は……。考えません」
先生：「考えないとはどういうこと？」
私　：「以前、先生から教えていただいたこと、問題は問題だと考えている人がいて、初めて問題になると考えれば、問題だと思っている私が問題ではないと考えれば、問題ではなくなる。その時に何が起こるのか、見ていきたいと思います」
先生：「捉え方を変えれば、見える景色は変わってくるわね。あなた、変ったわね」
私　：「変わった？」
先生：「変わったと思うわ。以前であれば、私に言われなければ気づけなかった。自分自身が関わる事例とバイザーとして関わるサイトウさんの事例を別けて考えていた。ワーカーである自分とバイザーである自分を別けていた。そこが繋がらなかった。それはあなた自身がバイザーとしてサイトウさんに関わる時に教える立場という気負いがあったのかもしれない。でも、今回、あなたから教えるという感じを私は受けない。サイトウさんとあなた自身がフラットな感じになったわね。どんな心境の変化があったの？」

私　：「私の中でバイザーはケイコ先生。なので、ケイコ先生のように対応しなければという考えがどうしても抜けず、ひきこもりの人達のことで自分自身が困っているのに、サイトウさんの前では私自身は困っていない。私は全部分かっていますよ、みたいな態度を取っていたように感じます」

先生：「それで」

私　：「それを続けるのが辛くなり、私は分からないというスタンスに変えてみようと思いました。スタンスを変えてみようと思ったら、私自身がひきこもりの人達のことを私の理解の枠組みの中だけで理解しているつもりになっていたことに気づきました。それはサイトウさんについてもそうでした。私の理解の枠外のことには関心がいかず、私の思った通りに話が進まなければ、その原因を相手に求めていたように感じました」

先生：「無知の姿勢ね」

私　：「無知の姿勢」

先生：「そう無知の姿勢。私は知らないという姿勢で話を聴く。そうすると、相手との関係性が相手から教えてもらうというものに変わっていくわね」

私　：「そう思うようになってから、気持ちが楽になりました」

先生：「ソーシャルワーカーとして年数を重ねる。年数を重ねれば、自分自身が成長していると錯覚してしまう。後輩ができると後輩の悩みは自分自身も通ってきたもの。分かると思ってしまう。自分自身の経験を相手に当てはめてしまう。でも、自分自身が経験したものと相手が経験したものは違うわね」

私　：「はい」

先生：「大事なことは自分と相手を同じと考え、一緒にすることではなく、自分と相手は違うと考え、その違いを受け止めること。その上で違いは違いとして残した上で、社会学、心理学など、様々な学問で言われていること等を参照しながら、相手に提示していく。私があなた達に勉強しなさいと言ってきたでしょう」

私　：「はい」

先生：「何で言ってきたかと言えば、私たちは仕事に就き、年数を重ね、慣れてくれば、何となく仕事ができている感じになってしまう。勉強をせず、年数だけを重ねると、自分自身の経験が全てになる。自分自身を客観的に見る。事例と自分自身の間で距離を置くという視点を持てなくなる。例えば、この事例が上手くいき、この事例が上手くいかない理由を説明できず、担当したワーカーの経験年数や人柄の問題にしてしまうことがあるでしょう。そうなると、事例から学び、学んだことを他者に伝えることはできず、ワーカーは経験が物を言うという話で終わってしまう。経験から離れて考えるためには、参照できる枠組みや理論を理解する必要がある。英語を例に考えれば、英語を勉強せず、現地に行った場合、ボディランゲージでどうにかなれば英語を勉強しようとはしない。年数を重ねても英語を話せるようにはならない。仮にその人が自分のボディランゲージを人に教えたとして、教えられた人が教えられた通りにボディランゲージをやっても同じように通じるかは分からない。理解し、伝えていくには枠組みや理論が必要ね。福祉士の養成カリキュラムの改正で実習時間が増えたでしょう。実習時間が増えても、しっかり枠組みや理論を学んでいなければ、ただ「現場にいた時間が長くなりました」で終わってしまう。学生の間だけで枠組みや理論を学ぶことは無理。だからこそ、現場に出てから、どれだけ勉強ができるかが物を言うの」

私　:「はい」

先生:「あなた達に事例と出会い、壁に当たったら、関連する本、資料に必ず当たりなさいと伝えたでしょう。最低でも五冊、読みなさいと言ったのはそういうこと」

私　:「はい」

先生:「あなたは私になる必要はない。大丈夫よ、なれないから。私も努力をしているから。まだ、あなたに追いつかれていないと思うわよ」

私　:「スイマセン」

先生:「何を謝るの。勉強しなさい。そして、頑張りなさい」

私　:「はい。頑張ります。ありがとうございました」

先生が帰り、一人になった会議室で、しばらく私はボッーとしていました。我に返り、「ソーシャルワーカーになるためには、まだまだ時間がかかりそうだな。あ～あ」と座りながら、大きく背伸びをしました。解決を求めない、言葉で言うのは簡単。だけど、私に本当にできるだろうか？

第5章

時間／タイム

結果に拘らず、過程を大事にする。分からないという姿勢で関わる。先生にはそう話したものの、できるのだろうか？　「分からない」と言葉にしたことはある。でも、言葉では言いながら、分からないという姿勢で彼らの話を聞いていたのかと言えば、違うような気がする。私は分からないという姿勢を続けることができるだろうか。彼らに会う前から不安な気持ちで一杯になりました。

時計を見ると、ヨウヘイさんとの約束の時間になっていました。私はいつものように待合に行き、彼に声をかけ、相談室に案内しました。

私：「こんにちは」
彼：「こんにちは」
私：「先月からの一か月の様子はいかがですか？」
彼：「変わりないです」

私：「外に出ました？」
彼：「雑誌を買いに行きました」
私：「他はいかがですか？」
彼：「変わらないです」
私：「そうですか。ヨウヘイさん、私が分からないから教えて下さい。ヨウヘイさんはどんなことが嫌ですか？」
彼：「嫌なことですか？」
私：「嫌なこと」
彼：「人前に出るのが嫌です」
私：「その理由は？」
彼：「注目されるのが嫌だから」
私：「注目されると何が嫌？」
彼：「自分のことをどう思っているのか気にしないといけないから」
私：「自分のことが注目されなければ、例えば人が集まるような場所に行っても大丈夫？」
彼：「それは大丈夫です」
私：「ヨウヘイさんは今、何かした方が良いと思う？」
彼：「思います」
私：「何かする時に、大変だと感じることは何だろう？」

彼：「何をしたら良いかが分からない」
私：「他にはある？」
彼：「何かする場所に行くと決まっても動けない」
私：「例えば、ヨウヘイさん。ヨウヘイさん以外に何人かで一緒に作業する場に行って、作業体験するとなったら、行く？」
彼：「内容によります」
私：「芦沢さんは今、相談に来て下さっている方々のグループ活動の担当をしています。四月から担当しているけど、芦沢さんは来たばかりだから、これまでは担当している心理士の人が内容を決めていたのだけど、来月は芦沢さんが決めて良いと言われました。芦沢さん、以前お世話になった果樹の加工施設に皆で行けないかなと思っています。やることは今だと桃の皮むき。ひたすら桃の皮を剥くの。作業中は食品を扱うから、エプロンをつけ、帽子をかぶり、マスクをつける。皆、同じ格好をしているから、外から見ても、誰が誰かは分からない。時間は一時間ほど。どうかな？」
彼：「別に良いですけど」
私：「別に良いと言うのは、やっても良い？　それともやらなくても良い？」
彼：「やっても良いです」
私：「えっ、本当？」
彼：「……（頷く）」

私：「ありがとう。時間と集合場所は後で連絡します。あと、当日までにやっぱり嫌だなと思ったら、キャンセルしても大丈夫。それによって誰かに迷惑になることは何もありません。何か気になることはある？」
彼：「ないです」
私：「であれば、次回ここで会う予定を確認して終わりにしましょう。一か月後で大丈夫ですか？」
彼：「大丈夫です」
私：「であれば、次回、私とここで会うのは一か月後、時間も同じでお願いします。あと、加工施設に行く日程はメールしますね。はい、ありがとうございました」
彼：「ありがとうございました」

彼を待合まで見送り、私は事務室の自席に座りました。岩が動いた。なぜだろう？　これまでと何が違っていたのだろう？　そんなことを考えていると、コウイチさんの時間になりました。待合に行き、スマホを操作しているコウイチさんに声をかけ、相談室に案内しました。

私：「こちらにどうぞ。前回、お会いしたのが一か月前、お変わりはありませんか？」
彼：「ありません」
私：「そうですか。日中は何をしていましたか？」
彼：「ゲーム」

私：「どのくらいの時間、やっていましたか？」
彼：「起きている間はずっと」
私：「そうですか。体調は大丈夫ですか？」
彼：「大丈夫」
私：「それは良かった。コウイチさん、私が分からないから教えて下さい。コウイチさんはどんな生活を送りたいですか？」
彼：「どんな生活。よく分かりません」
私：「ゴメンナサイ。抽象的ですね。今の生活を続けようと思いますか？」
彼：「分かりません」
私：「分からないというのは、どういう意味で言ってくれていますか？」
彼：「続けるか、続けないかは分からない」
私：「続けても良いし、続けなくても良いという感じ？」
彼：「よく分かりません」
私：「ゴメンナサイ。私はコウイチさんがどんなことができて、どんなことができないのかが分かりません。先のことは私にも分からないので、まずは私と一緒に作業をしてみませんか？」
彼：「作業？」
私：「そう、作業。コウイチさんに話していませんが、私は四月から月に一回、相談に来て下さっている方々を対象にしたグループ活動をしています。心理士さんが担当していて、私はお手伝いをしています。これまでレクリエーションやコミュニケーションの練習をしていたので、コウイチさんにご案内しても嫌と言うかなと考え、話してきませんでした。来月、私が内容を決めて良いと言うので、私が以前、お世話になった果樹の加工施設に作業体験に行こうと考えています。やるのは桃の皮むき。時間は一時間ほど。途中で嫌になったら、帰っても良いし、その日に体調が良くなければキャンセルしても良い。まずは皆さんと一緒に何かしたいなと思いました。どうかな？」

彼：「良いです」

私：「良いですというのはどっち？　参加しても良い？　参加しなくて良い？」

彼：「参加しても良いです」

私：「ほんと？　ありがとう。作業は私も一緒に入るので、困ることがあれば私に言って下さい。持ち物は何も必要ありません。作業中はエプロンやマスクをつけます。作業をする日程はこれから調整するので、決まったらメールします。何か確認したいことはありますか？」

彼：「ないです」

私：「あとで、気になったことがあれば、メールで聞いてもらっても大丈夫です。ぜひ、教えて下さい。あとは、次回の予定を確認したいと思いますが、希望はありますか？」

彼：「ありません」

私：「であれば、一か月後の同じ時間帯はどうですか？」

彼：「大丈夫です」

私：「では、一か月後の同じ時間帯にお会いしたいと思います。よろしくお願いします」
彼：「よろしくお願いします」

部屋から出ていくコウイチさんを見送り、一人になった相談室で私は物思いに耽っていました。ヨウヘイさん、コウイチさんはともに、作業体験への参加を承諾した。私が彼らを動かそうとした時は、彼らは動かなかった。私が動かそうとするのを止め、どちらでも良いというスタンスとなり、動くキッカケを彼らに提示したら、彼らは動いた。彼らは動かないのではなく、動けない。動けない彼らに動けと言っても動かない。動かそうと手を引っ張れば、動くまいと踏ん張り、テコでも動かないようになる。私が彼らとの間で行っていたパワーゲームを止め、彼らに判断を任せた時に彼らは動き始めたと思いました。

一週間後に設定した作業体験にはヨウヘイさん、コウイチさんはともに休まず、参加しました。エプロンと帽子を被る際に、初めてのことでブツブツ独り言を言っていたヨウヘイさん。エプロンと帽子を加工施設の職員より渡され、「ありがとうございます」と言い、素直に着用したコウイチさん。作業に入ると、黙々と桃の皮むきを行いました。その日に剝かなければならない桃の量が多く、二人とも目の前に大量に置かれた桃を一生懸命剥いて、予定の一時間はあっという間に過ぎました。作業終了後に二人に感想を聞くと、二人とも「疲れました」と話しました。私は彼らが何もできないとどこかで勝手に思っていました。でも、一時間の作業を二人とも行うことができました。私には知らないことがたくさんある。場面が変われば、彼らが見せる顔も変わってくる。そんな当たり前のことを私は改めて感じました。作業終了後、加工施設と話をし、ヨウヘイさんとコウイチさんはそれぞれ別日に、週一回午前中の時間に、作業体験を続けることになりました。

二週間後、私はサイトウさんとの振り返りの日を迎えました。前回、サイトウさんは自分自身が地域生活のことについて理解する必要があると話していました。サイトウさんはどうしただろう？　そんなことを考えながら、私はサイトウさんが来るのを誰もいない会議室で待っていました。少しすると、ドアをノックする音が聞こえ、サイトウさんが部屋に入ってきました。

サイトウ：「こんにちは」
私　　　：「こんにちは。どうぞ」
サイトウ：「ありがとうございます」
私　　　：「体調は変わりないですか？」
サイトウ：「大丈夫です」
私　　　：「それは良かった。サイトウさんの準備ができたら、声をかけて下さい」
サイトウ：「……はい。大丈夫です。よろしくお願いします」
私　　　：「はい、よろしくお願いします。では、その後のシゲルさんについて教えて下さい」
サイトウ：「前回の振り返りの後、シゲルさんは洗濯と薬の自己管理を続け、薬についてはお薬カレンダーを買い、ベッドの上の壁に貼り、一週間分の薬をセットし、自分で管理する練習をするようになりました」

私：「すごいね。それ以外はどうですか？」

サイトウ：「シゲルさんと以前、入院生活を一緒にしていたトシキさんが面会に来たんです。たまたま私もその時に病棟にいたので、声をかけ、一緒に話をしました。トシキさんはすでに退院し、アパートで一人暮らしをしていました。私、その場でトシキさんにシゲルさんと一緒にアパートを見せてもらえませんか？　と頼んでみたんです。友達であるトシキさんのアパートならシゲルさんも行ってくれるのではないか。トシキさんの話なら、聞いてくれるのではないかと思ったんです」

私：「思い切ったね。シゲルさんとトシキさんの反応はどうだった？」

サイトウ：「私がいきなり言ったので、二人ともビックリしていましたが、シゲルさんが地域で生活する上ですでに生活している人がどんな生活をしているのか、見て、話を聞くのは大事なことであり、何より私が知りたいですと伝えたら、シゲルさんは『トシキさんに悪いよ』と言っていましたが、トシキさんは『良いですよ』と返事してくれました」

私：「それは凄い。その後はどうなりました？」

サイトウ：「主治医と病棟に話をし、外出許可をもらい、トシキさんのアパートをシゲルさんと一緒に見学に行きました」

私：「行って、シゲルさんはどうだった？」

サイトウ：「アパートを見て、一か月のお小遣いや買い物の場所などをトシキさんに聞いていました。私、シゲルさんは嫌々、見学に来たと思っていたら、自分から聞くのでビックリしました」

私……「それはビックリするね」

サイトウ……「あと、シゲルさん、見学に行った後に、『俺も一人暮らしをしようかな』と話したんです。今、私はトシキさんのアパートに空き部屋がないか、当たっています」

私……「それは急展開だね。何があったのだろう？」

サイトウ……「それが私にも分からなくて。一人暮らしなんて話は想像していなかったので。自宅かグループホーム以外の選択肢は考えていませんでした。それが一人でできることを増やすということで、洗濯、薬の管理を行うようになり、実際に一人暮らしをしているトシキさんの生活の様子を見たら、シゲルさんの気持ちが変わってきました」

私……「これまでと違ったことはありますか？」

サイトウ……「違ったことですか？」

私……「はい、違ったこと。シゲルさんの環境でも、サイトウさんの関わりでも、これまでと違ったことはありますか？」

サイトウ……「シゲルさんの環境は変わっていないと思います。私はシゲルさんに対して、私の関わりに対する反応を求めることを止めてみました」

私……「もう少し詳しく教えて下さい」

サイトウ……「以前であれば、私がこういう関わりをするのだから、こんな反応を返してほしいと思っていました。でも、それは結局、私の希望。芦沢さんに前回、自宅かグループホームかの結果ではなく、結果に行き着くまでの過程、シゲルさんであれば一人でできることを増やすことについて言われ、私はシゲルさんが自分の生活を考える過程に付き合い、シゲルさんが自ら選べる選択肢を提示していこうと思うようになりました。そう思ったら、シゲルさんに対して前のめりになっていた気持ちが後ろに下がり、肩の力が抜けた関わりになったように感じます」

私　：「岩が動いたね。不思議だね。こちらが動かそうと思っている時は動かない。動くと予想していない時に動き始める。私もひきこもりの人達と関わっているけど、動かそうと色々した時は全く動かなかった。そういうことは止め、彼らに選択肢を提示したら、先日、動いた。その後、私も考えてみたんだ。何で動いたのだろうって。その時に、先生に以前、言われた『時熟』という言葉が浮かんできた」

サイトウ：「ジジュク？」

私　：「時が熟すると書いて、時熟。関係性を築く努力を続けていると、状況が変わる時が来る。その大切さを言った言葉だね。今回、サイトウさんは逃げずに、その場に居続けた。そのことが、状況が動く結果に繋がったのだと思います」

サイトウ：「そんな……」

私　：「私はそうだと思うよ。先生にこの言葉を教えてもらった時、当たり前の話じゃないかと思ったんだ。一緒に過ごす時間が短いよりも、長い方が良い。関わる期間が長ければ、関係も深まり、理解できることも増えるだろう。そう思ったんだ。でも、仕事を続けていくと、その理解では足りないと感じた」
サイトウ：「どういうことですか？」
私　　　：「こちらが理解したいと思い、関係の継続を望んでも、相手から拒否されたら続けることはできない。関係を続けるためには、相手に受け入れてもらわなければならない。それが本当に難しいなと思ったんだ」
サイトウ：「そんなに難しいですか？」
私　　　：「難しいと思うんだ。病院に入院していれば相手の所在は分かっていて、いつでも会えるって思うじゃない？」
サイトウ：「はい」
私　　　：「相手に会うということはできるのかもしれない。でも、私たちに会わなくても、相手は困ることはないよね。退院の時に手伝ってもらいたい、代わりに家族に連絡を取ってほしいなど、本人が私たちに頼りたい理由があれば別だけど、なければ別に困らない。先生は会わないといけない。看護師も会わないと不利になる。でも、私たちは違う。そう思ったら、相手が会って、関係を続けてくれるのは本当に凄いことなのだと思った」
サイトウ：「本当だ。私、私たちと会ってくれるのは当たり前だと思っていました」
私　　　：「これも先生に教えてもらったことだけど、名医の条件って何だと思う？」
サイトウ：「条件ですか。相手が困ることが分かっている」
私　　　：「大事なことだね。他には？」

サイトウ：「薬の処方が上手い」
私　　　：「それも大事だね。他は？」
サイトウ：「話をよく聴いてくれる」
私　　　：「そうだね。でも、先生が私に教えてくれた条件は違うんだ」
サイトウ：「何ですか？」
私　　　：「関係を続けられる能力」
サイトウ：「あっ！」
私　　　：「相手が困ることも分かった方が良い。薬の処方も上手い方が良い。話も聴いてくれた方が良い。どれも皆、大切だね。でも、それも相手が医者のところに来てくれないと始まらない。言い方が良くないかもしれないけど、相手の困ることが分からなくても、薬の処方が下手でも、話を聴いてくれなくても、相手が来てくれれば良い。それができることが名医だと先生は話していたんだ」
サイトウ：「あ～」
私　　　：「サイトウさん、こんな経験はないかな？　同じことを話すのに、Aさんが言うと相手は聞き入れないのに、Bさんが言うと素直に聞き入れる」
サイトウ：「あります。私の先輩でも、あの人が言うと上手くいくのに、他の人では上手くいかないというのがあります」
私　　　：「そうなのだよね。そういうことがある。サイトウさんの関わりをシゲルさんも少しずつ受け入れ、関りを続ける中で、どこかのタイミングでシゲルさんが動き始めた。そういうことなのかなと私は思います」

サイトウ：「はい」

私　　：「今後、どうしていこうと思いますか？」

サイトウ：「トシキさんが住むアパートの空き状況を確認しているので、空いていたら、一人暮らしを進めてみようと思います。お母さんもシゲルさんが一人で生活していくことを望んでいたので、協力も得られるのではと考えています」

私　　：「進める上で何か心配はありますか？」

サイトウ：「以前のグループホームの時のように、話を進めたら、途中で行かないという話にならないか、心配です」

私　　：「同じようになると思う？」

サイトウ：「分かりません」

私　　：「分からないって何が分からない？」

サイトウ：「今回は自分から言ったので、行くと思いたいですが、前回のことがあったので、もしかしたらまた同じことがあるのかなと思ってしまいます」

私　　：「あったら、困る？」

サイトウ：「えっ！」

私　　：「あったら、困るのかな？」

サイトウ：「困らないですか」
私　　　：「困るのは誰？」
サイトウ：「……私です」
私　　　：「困る理由は？」
サイトウ：「私の進めたい方向に進まないことが困ります」
私　　　：「そうだね。でも、今回はシゲルさん自身が進めても良いかなと言ったんだよね。であれば、今回はサイトウさんが進めたいわけではない。シゲルさんの進めたい方向に進められるようにお手伝いをするだけ。やってみて、やっぱり行かないと言っても、それはシゲルさんがやってみて決めたこと。サイトウさんが困ることではないように感じるけど」
サイトウ：「……そうですね。本当だ。私、どうしてもシゲルさんをコントロールしたい気持ちになってしまう」
私　　　：「そうだね。コントロールしようと思って、前回上手くいかなかったのに。また、ついついコントロールしようとしてしまう」
サイトウ：「はい」
私　　　：「本当にコントロールしないといけないのは、相手ではなく、私なんじゃないかな」
サイトウ：「はい」
私　　　：「やってみましょう。また、一か月後、どうなったか、教えて下さい」

サイトウ：「ありがとうございました」
私　　：「ありがとうございました」

サイトウさんは机の上に置いた荷物を持ち、私にお辞儀をし、部屋から出ていきました。コントロールしようとしてしまう私自身をコントロールする。サイトウさんに話していて、私も同じだなと感じました。私もヨウヘイさん、コウイチさん、そしてサイトウさんを知らず知らずのうちに、私の考える方向にコントロールしようとする。そこを自覚し、手放さない限りは、相手は動くことができなくなる。ヨウヘイさん、コウイチさんが動くようになったのは、もちろん彼らが動きたい気持ちが元々あった。これまでは動く先がなかなかなかった。加工施設への作業体験をたまたま目の前に提示され、内容を聞いて、行っても良いかと思ってくれたのかもしれない。でも、その前に私自身が彼らをコントロールしようという考えを手放したことが大きかったように感じました。先生は相手をコントロールすることについて、どうしているのだろう？　次に会う時に聞いてみよう。私はそう思いました。

一週間後、会議室で先生を待っていると、約束の時間ぴったりに先生が来ました。

先生：「こんにちは」
私　：「こんにちは」
先生：「今日はぴったりね。良かった」

私　：「はい」
先生：「あなた、元気？」
私　：「はい。元気です」
先生：「なら、良かった。サイトウさんに聞いたら、シゲルさんも動きがあったようね」
私　：「はい」
先生：「そして、あなたの方も」
私　：「はい」
先生：「あなたは動いた理由は何だと思う？」
私　：「私はサイトウさんが関わりを継続できたことで、タイミングが来て、動き始めた。先生に以前、教えて頂いた時熟が起きたと話しました」
先生：「それで……」
私　：「関係を継続するためには、こちらがどんなに希望しても相手が受け入れてくれないと関係を続けることはできない。サイトウさんがシゲルさんに受け入れてもらえたことが大きかったと伝えました」
先生：「他にはどう？」
私　：「あと、サイトウさんに上手く伝えられたか分かりませんが、相手をコントロールしようという考えを一旦、手放したことも大きかったと思いました。コントロールしようと思えば、それに反応し、逆に動かない。コントロールしようとしなかったことで、相手が動くことができたのかなと思いました」

先生：「他には？」

私　：「他には？」

先生：「コントロールすることを手放し、相手に受け入れてもらい、時間が経過すれば動き始めるのかしら？」

私　：「いや、それは……」

先生：「それで良いのであれば、私たちは何をすれば良いのかしら？　彼らに任せ、彼らが動き始めるのを待てば良いのかしら？」

私　：「……」

先生：「あなたが話していることは間違いではない。サイトウさんに伝えたこともこれまでの経過を考えれば、そういう話になるのも分かる。でも、もう少し考えてみましょう。それをするためには、私たちは何をすれば良いのだろう？」

私　：「何をすれば……。私は話を聴いていくことだと思います」

先生：「そうね。でも、話を聴けば、動くのかしら。オープンダイアローグって知っている？」

私　：「はい。書籍などでも取り上げられ、色々なところで聞くようになりました」

先生：「そうね。ブームみたいになっているわね。私、話を聴いていれば、状況は動くと理解している人がいるんじゃないかと思っているの。でも、そうではないでしょう」

私　：「はい」

先生：「話を聴くには聴き方がある。シゲルさんやあなたが関わるひきこもりの人達だったから上手くいったけど、サイトウさんやあなたが他の人に出会った時に同じような流れになるとは限らないわね。たまたまこうなりましたでは困るでしょう。どういうふうに話を聴いていけば上手くいくのか？　サイトウさんもあなたも、今後事例を積み重ねていく中で実践知として他者にも言えるようにしていく必要がある。それがあなた達にとって重要な道具になると思うの」

私　：「はい」

先生：「以前、あなたにも言ったでしょう。私たちには道具がない。医者のように聴診器があるわけではない。道具を見せれば、私たちの職業をイメージしてもらえるわけではない。そう話すと、私たちの道具は制度、社会資源だと言う人がいる。でも、制度や社会資源は変わっていくでしょう。今はインターネットがある。それに私たちより詳しい事務屋さんなんてたくさんいるでしょう。ネットで調べて、私たちよりも詳しい人もいるような気がするわね。私、あなた達に制度の説明はしなかったでしょう」

私　：「はい。しませんでした」

先生：「あれは習うものではなく、慣れるもの。現場に出て、慣れていくものね。私たちの道具は私たち自身。でも、それを使いこなすのが難しい」

私　：「はい。難しいです」

先生：「あなた、最初、大変だったわね」

私　：「はい、泣いてばかりでした」
先生：「そうね。よく泣いていたわね」
私　：「スイマセン」
先生：「謝る必要はないわ。最初はそんなものよ。自分自身を道具にするにはどうすれば良いのか？　それを説明するための言葉が必要ね。それはそれぞれが自分自身の実践を振り返り、言葉にしていく。それを他者と伝え合う中で一般化していく必要があると思うの」
私　：「はい」
先生：「頑張りなさい。あなた」
私　：「はい、頑張ります。先生、一つ聞いて良いですか？」
先生：「何？」
私　：「先生は私の話を聞く中で、もっとこうすれば良いのにと思うことがあると思います。その時にコントロールして、その方向に向けさせようと思うことはないですか？」
先生：「何を聞きたいの？」
私　：「私は今回、自分自身が相手をコントロールしようとしたことを止め、相手が動ける状況にしたことが良かったと思いました。それはひきこもり人達にも、サイトウさんにも。でも、私はどうしても相手をコントロールしたくなる時があります。先生はどうされているのかな？　と思って」
先生：「そう、そういうことね。確かに相手を知らず知らずにコントロールしてしまうことはあるわね。あなた、以前エンパワメントという言葉が嫌いと言っていなかった？」

私　：「言いました」

先生：「何で嫌いなんだっけ？」

私　：「エンパワメントと言いながら、それがエンパワメントになったか否かは本人ではなく、支援者が決めているように感じて、何か胡散臭いなと感じてしまうんです」

先生：「そう、あなた、相変わらずあまのじゃくね」

私　：「スイマセン」

先生：「謝るのはあなたのクセね」

私　：「スイマセン」

先生：「ほら。コントロールがいけないことのようにあなたは捉えているようだけど、大事なことはコントロールしようとしていることを自覚しているか否かよ。私はあなたとは経験年数も違う。先生と生徒という関係だから、最初から対等ではない。それを自覚した上で、あなたには話をしている。これを伝えることであなたがどう反応するのかを含めて。コントロールがいけないということになれば、極論を言えば、全て相手に任せ、何もしない方が良いという話になってしまう。私たちが関わる以上は、どんな関わりでも相手には介入となり、そこにコントロールの要素は入っている。それを自覚した上で、コントロールしようとしている私自身をどうコントロールするかが大事なの」

私　：「あっ！」

先生：「結局、最後は私に戻ってくる。私を道具にできるように頑張ってみなさい。そして、サイトウさんがその方向に進めるようにサポートしてあげなさい」

私　：「はい。ありがとうございました」

先生：「お疲れ様」

私は先生のいなくなった会議室で、ボッーとしていました。分かったと思った。分かったつもりになっていた。いつまでも続く道のり。私はどこに進んでいくのだろう。「頑張れ、俺」、私は自分自身に小さく声をかけました。

第6章

自立／インディペンデンス

コントロールしようとしている自分自身をコントロールする。禅問答のような話だけど、私は自分自身をコントロールする術を身につけないといけない。私はそう思いました。先生との振り返りの後、そんなことを考え続けながら、私はヨウヘイさんとコウイチさんと会う日を迎えました。ヨウヘイさんとコウイチさんは週一回の加工施設での作業体験を継続していました。施設からは雇用対策の補助金が下り、一年間の期限はあるものの、二人を雇用できることになった。ヨウヘイさんとコウイチさんが良ければ、採用したいとの話がありました。今日はその意思確認を本人達にすることになっていました。本人達は何て言うだろう？　そんなことを考えていると、ヨウヘイさんと会う一〇時の時間帯になりました。私は待合スペースに行き、いつものようにヨウヘイさんに声をかけ、相談室に案内しました。

私：「こんにちは」

彼：「こんにちは」
私：「お変わりはありませんか？」
彼：「ありません」
私：「体調は大丈夫ですか？」
彼：「大丈夫です」
私：「そうですか。それは良かった。日中は何をしていますか？」
彼：「何もしていません」
私：「加工施設には行っていますか？」
彼：「行っています」
私：「行っていて、困ることはありますか？」
彼：「ありません」
私：「嫌なことはありますか？」
彼：「ありません」
私：「施設の人から何か言われていますか？」
彼：「何も言われていません」
私：「そうですか。ヨウヘイさん、今日教えてもらいたいことが一つあります。補助金が取れ、一年間ですが、加工施設が人を雇用できることになりました。施設の人からヨウヘイさんが良ければ、職員として仕事をしてみませんか？　との話がありました。本来であれば施設の人から直接、話す内容ですが、ヨウヘイさんは週一回の作業体験。施設の人が会うよりも私の方が早かったので、私の方から聞いてほしいと施設の人から言われました。職員になると、一日の作業時間も長く、週五日の勤務になります。その代わり、給料が出て、保険も入れます。いきなり言われても困ると思いますが、ヨウヘイさんは話を聞いてどう思いますか?」

彼:「別に良いです」

私:「『別に良いです』はどっちの意味だろう。やっても良い? やらなくて良い?」

彼:「やって良いです」

私:「本当?」

彼:「はい」

私:「何か心配はある?」

彼:「ないです」

私:「具体的な話は次に作業体験に行った時に施設の人からあります。その時まで考えて、やっぱり嫌だと思ったら施設の人に言ってもらって良いです。施設の人に直接言いにくければ、私にメールをもらえれば施設の人に伝えます。断っても、ヨウヘイさんの状況に変化はありません。作業体験は続けていただいて大丈夫です。私の説明で気になることはありますか?」

彼:「ありません」

私:「であれば、施設の人には私との話では雇用の話を進めても良いとの話になりましたと伝えます。あと、今日の時点で気になることはありますか?」

彼：「ありません」

私：「であれば、雇用の話が進めば、私とお会いする日程を決めても、キャンセルになるかもしれませんが、予定を決めておいて良いですか？　あとで予定が入るようであれば、日程は調整させて下さい。一か月後の同じ時間帯に入れておいて、良いですか？」

彼：「はい」

私：「分かりました。一か月後の同じ時間帯に予定を入れておきます。今日はありがとうございました」

彼：「ありがとうございました」

私はヨウヘイさんとの面談を終え、事務室に戻り、施設の職員に連絡を入れました。ヨウヘイさんと話をし、本人が雇用について承諾したこと、ただ、気持ちが変わることもあるので、直接会った際に確認してほしいことを伝えました。

電話でそのことを伝えると、施設の職員より次のような話がありました。

職員：「分かりました。ヨウヘイさんに次に会った時に話をしてみます。芦沢さん、今日コウイチさんにも会いますか？」

私　：「これから会います」

職員：「そうですか。コウイチさん、昨日が体験日だったのですが、休んだのですよ。初めてです。

連絡がなかったので、こちらから電話を入れてみたのですが、繋がらないのです。先週の体験時も特にトラブルはなく、いつもと変わらない様子だったので、何かあったのかと気になってしまって。芦沢さんがこれから会うのであれば、本人に聞いてみて下さい」

私　：「分かりました。聞いてみます。その結果でご連絡します」

「何があったのだろう?」、コウイチさんは作業体験を始めると、これまでの不規則な生活を改め、開始時間の三〇分前には加工施設に着き、準備をしていました。作業体験をしているメンバーの中で施設の評価も一番高い人だったため、私は施設の職員からの話に驚きました。コウイチさんと約束している一一時の時間になったので、私はコウイチさんを呼びに待合スペースに行きました。いつもスマホを片手に、待っているコウイチさんは席にいませんでした。コウイチさんにしては珍しいですが、遅れているのかな?　と思い、待ってみましたが、五分、一〇分が過ぎても、コウイチさんは現れませんでした。

私は事務室に戻り、彼の携帯電話に電話を入れました。電話を入れると、「あなたのおかけになった電話番号は電波の届かないところにいるか電源が入っていないためかかりません」とのメッセージが流れました。「何があったのだろう?」、私は施設の職員からの話もあり、心配になり、母親に電話を入れました。

私：「もしもし。精神保健福祉センターの芦沢です」

母：「あっ。芦沢さん。いつもコウイチがお世話になっています」

私：「お母さん、スイマセン。いきなりの電話で。コウイチさんと今日一一時にお約束をしているのですが、まだお越しになっていないので。コウイチさんの携帯に電話をしましたが、繋がらず。気になってしまい、お母さんにお電話しました」

母：「そうですか。コウイチなら家にいますが。あの子、今週に入ってからおかしくて。コウイチ、加工施設に行くようになり、変わりました。これまでは不規則な生活をしていましたが、朝も決まった時間に起きて、外にも出るようになりました。こんなに変わるのなら、もっと早くこんな形を取ってもらえば良かったと思いました。でも、今週に入り、生活が元に戻ってしまって。朝も起きるのが遅くなり、外にも出なくなりました」

私：「そうなのですね。私は知らなくて。今日、先ほど別の人の件で施設の人とお話をしたら、昨日の作業体験に連絡もなく、休んだと伺い、気になってしまいました」

母：「昨日に作業体験があるのは私も知っていました。毎週のことなので。朝になっても、起きてこないので。部屋に起こしに行きました。『コウイチ、時間だよ。早く準備しないと遅れてしまうよ』と言ったら、『行かない』って言うんです。『具合でも悪いの？』と聞くと、『そうじゃない』と答えるから、『施設の人も待っていると思うから行った方が良い』と伝えましたが、『あんなところには行かない』と言い、それ以降は何を言っても無視。ご飯も前は一緒に食べていましたが、自分の分を取りに来て、部屋で食べるようになりました」

私：「そうですか。コウイチさんに芦沢から電話があったこと、できれば話がしたいと言っていたことを伝えていただけますか？」
母：「分かりました。伝えます」
私：「よろしくお願いします」

母親との電話を切り、施設の職員に連絡を入れました。今日、本人は来なかったこと。改めて連絡を入れようと思うこと。来週の作業体験に来たか否かをまた教えてほしいことを伝えました。その後、時間を見ながらコウイチさんに連絡を入れましたが、電話は繋がらず。翌週の体験も姿を見せませんでした。私は母親に連絡を入れてみました。

私：「もしもし。精神保健福祉センターの芦沢です」
母：「芦沢さん。私もお電話しようと思っていました」
私：「どうされました？」
母：「コウイチが動かないので、コウイチの部屋に行き、話をしました。『芦沢さんが電話をしてきているよ』と伝えると、『知っている』と言うので、『知っているなら、何で出ないの？』と聞いたら、『出られない』と答えるんです」
私：「出られない？」
母：「あの子、頑張っていたんですね。きっと。今まで人に合わせることが苦手で、いつも上手くいきませんでした。それが施設の中で、他の人と一緒に作業をする。嫌なことがあっても、我慢して、合わせようとしてきたのだと思います。でも、それが限界になった。あの子にどうしたいの？　と聞いたら、『休みたい』と言うんです。これ以上、言ってもダメだと思います。少し休ませて下さい」

私：「……そうですね。施設は私から話をします。コウイチさんには施設は芦沢が話をしたので、気にしなくて良いこと。施設のこととは別に、芦沢が話をしたいと話していたことを伝えてもらえますか？」

母：「分かりました。伝えます」

私：「よろしくお願いします」

私は母との電話の後に、施設の職員に連絡を入れ、コウイチさんは体調を崩し、休むことを伝えました。その後、コウイチさんの休みは続き、一か月が過ぎたところで施設より一旦休みではなく、中止にしたいとの話がありました。一方、ヨウヘイさんはその後、施設との話が進み、一年間の雇用契約を施設との間で結ぶことになりました。対照的な展開になった二人。何が違ったのだろう？　私は大きな宿題を与えられたような気になりました。

二週間後、私は会議室にいました。いつもは予定時間の一〇～一五分前に会議室に着くのに、今日は気持ちが落ち着かず、三〇分前には会議室に着いていました。会議室のエアコンを入れ、コンビニで買ったお茶を飲み、サイトウさんが来るのを待ちました。約束の五分前にドアをノックする音が聞こえ、サイトウさんが会議室に入ってきました。

サイトウ：「こんにちは」

私　　：「こんにちは」

サイトウ：「今日もよろしくお願いします」

私　　：「はい。よろしくお願いします。準備ができたら、声をかけて下さい」

サイトウ：「……はい。よろしくお願いします」

私　　：「はい。では、始めたいと思います。シゲルさんのその後を教えて下さい」

サイトウ：「はい。友人であるトシキさんのアパートを見学し、一人暮らしをしてみようかなとの話があり、トシキさんの住むアパートの空き状況を確認したところ、一部屋空いていることが分かりました」

私　　：「そう、良かったね」

サイトウ：「はい。私、嬉しくなり、シゲルさんに話をし、お母さんに話をしました。シゲルさんも乗り気で、お母さんも応援してくれるというので、話を進めました。シゲルさんと一緒に不動産屋さんに行き、アパートを借りたいと話をしました。シゲルさんの収入は障害年金2級のみ。当面はお母さんが貯蓄から足りない分を援助をしてくれるという話になりました。不動産屋さんに話をしたところ、シゲルさんの収入が少ないので、シゲルさん名義で部屋を貸すことはできないと言われました。トシキさんも障害年金2級が収入なので、トシキさんは借りられて、何でシゲルさんはダメなのかと思い、聞いたら、トシキさんにも貸せないので、トシキさんの部屋はトシキさんの兄名義になっているとの話でした。であれば、お母さん名義で貸してほしいと話しましたが、お母さんの収入は老齢年金のみ。いくら貯蓄があると言われても、お母さん名義で貸すことはできないも言われました」

私　　：「そうなんだね」

サイトウ：「私、諦めきれなくて、どうしたら貸してくれますか？　と聞いたら、生活保護にでもなれば貸せると言われたので、その足で市役所の生活保護課にシゲルさんと一緒に行きました。事情を説明したら、シゲルさんが単独であれば、生活保護に該当すると思うけど、現状から考え、シゲルさんはお母さんと同一世帯。生活保護の申請があがれば、シゲルさんとお母さんの世帯全体を保護するという話になる。シゲルさんとお母さんの収入だけを見れば、生活が大変だけど、お母さんがシゲルさんを援助できるだけの貯蓄があるようであれば、生活保護としてはまずはそれを使って下さいという話になると言われました」

私　　：「それでどうしましたか？」

サイトウ：「シゲルさんに、トシキさんのアパートでは無理でも、トシキさんが借りられる他のアパートを探させてほしいと伝えました」

私　　：「そう、諦めずにやってみたんだね」

サイトウ：「はい。今回、シゲルさんが言ってくれたことなので、どうにか形にしたいと思いました」

私　　　：「その後はどうなりました？」

サイトウ：「私、先輩や他の病院のワーカーさんなどにも聞き、一つ貸してくれそうなアパートを見つけました」

私　　　：「そう。それで……」

サイトウ：「そのアパートは不動産屋さんを通さず、個人で貸してくれるところでした。アパートには病院に通院していて、シゲルさんと同じように年金だけの人も借りていて、大家さんに事情を説明したら、了解してくれました」

私　　　：「それは良かった」

サイトウ：「はい。シゲルさん、お母さんに話をしました。その後、シゲルさんと一緒に見学し、シゲルさんもここで良いと言うので、契約し、二週間前にそこに退院しました」

私　　　：「それは凄い。良かったですね」

サイトウ：「はい。……」

私　　　：「どうしたの？」

サイトウ：「退院できたのは良かったです。……」

私　　　：「うん。……何かあったの？」

サイトウ：「私。私……」

私　　　：「うん。どうした？」

サイトウ：「退院し、日中はデイケアに通い、週一回病院から訪問看護を受けることになりました。私、本当に嬉しくて。やっと退院できた。退院の時に病棟の看護師さんが花束を用意してくれて、本人に渡していました。本当に良かったと思いました」

私　　：「そうだね」

サイトウ：「最初の五日間、毎日デイケアに通い、私が様子を見に行くと、ソファに座って他の人とトランプをしており、『大丈夫だよ』と声をかけてくれました。訪問看護で行った看護師からも、残薬も合っており、飲み忘れもなく、生活状況も大丈夫だったとの話を聞きました」

私　　：「そうなんだね。順調だったんだね」

サイトウ：「一週目は良かったのですが、退院から二週目の水曜日からデイケアに姿を見せなくなりました。私、心配になり、シゲルさんのアパートに行き、ノックをし、声をかけましたが、返答なし。デイケアには次の日も来なくて、金曜日にも来ないので、訪問看護の看護師とともにアパートへ行きました。前と同じようにドアをノックし、声をかけましたが、返答なし。大家さんに事情を説明し部屋を開けてもらいましたが、本人は部屋にいませんでした。三日、所在が分からないので、何かあったのかと思い、デイケアでも一緒に過ごすことが多いトシキさんに聞いてみました。トシキさんに聞いたら、『シゲルさん、先週金曜日にデイケアで一緒になった時に、「俺、疲れたよ」と話していた』と言われました。私、ますます心配になり、お母さん、主治医に話をし、お母さんと一緒に警察に捜索願を出しに行きました」

私　　　　：「心配だね。シゲルさんは見つかったの？」

サイトウ：「見つかりました。捜索願を出したのが金曜日。日曜日に警察から本人を保護したとの連絡がお母さんに入りました。お母さんが病院に連絡をしてくれたので、私は病院から連絡をもらい、お母さんと一緒に本人を迎えに行きました」

私　　　　：「うん。それで……」

サイトウ：「警察に行ったら、椅子に座っているシゲルさんを見て、私、泣いてしまいました。シゲルさん、水曜日からずっと歩き続けていました。夜はお寺とかで野宿し、お供え物を食べていました。どこに行こうとしていたのか、聞いたら、お父さんとお兄さんが眠っているお墓に行こうとしていたようです」

私　　　　：「……」

サイトウ：「私、理由が聞きたくて。でも、聞くのが怖くて。そうしたら、お母さんが『何でこんなバカなことをしたの？』と聞いてくれて、そしたら『疲れたんだ』と答えたんです。『疲れたなら休めば良かっただろう』とお母さんが言ったら、『休むって言えなかった。退院ができない時に、トシキさんの部屋を見たら、こんな生活があるんだと思った。こんな生活も良いなと思い、話をしたら、一人暮らしの話が進んだ。サイトウさん、一生懸命だから。こんな俺のために一生懸命にやってくれる。俺も頑張らないといけないと思った。嫌だなと思うこともあったけど、とにかく頑張ろうと思った。頑張れば、皆が凄いと言ってくれる。そうしたら、辛いと言えなくなった。それが辛くなり、もうここには居られないと思って、家を出た』とシゲルさんは話しました。私……シゲルさんの辛さが分かりませんでした」

私　　　：『休むって言えない』……同じだ」

サイトウ：「えっ」

私　　　：「いや、その後はどうなりました？」

サイトウ：「その日の日直がたまたま主治医だったので、シゲルさんを車に乗せ、病院に戻り、話をしました。主治医より、そういうことがあった以上は、アパートに戻すことはできないとの話があり、お母さん、本人も希望したので、病院に入院になりました。アパートはそのまま、本人の状況を見て、今後どうするのかは決めることになりました」

私　　　：「そうなんだね。大変だったね。サイトウさんは今、話してくれた経過を経験して、どんなことを感じていますか？」

サイトウ：「私が理解しているのは一部に過ぎないことを改めて感じました」

私　　　：「うん、そうだね。他には？」

サイトウ：「でも、そのことを気づくことが本当に難しいと思いました」

私　　　：「難しいね。相手はサインを出していると言う人もいるけど、サインは人それぞれ。その場でそれがサインだと気づけるかと言われれば難しいね。私もそう」

サイトウ：「えっ？　芦沢さんも？」

私　　：「私はひきこもりの人達と関わっていて、一人の人が加工施設の作業体験に行けるようになりました。作業体験を続け、施設からも一年間の期限はあるものの、雇用しても良いとの話があり、私は良かったなと思った。でも、その話をしようと思った面接日に、本人は来なかった。加工施設にも来ない。本人に連絡を入れても繋がらない。私は心配になり、同居のお母さんに連絡をしたら、本人は気になることがあっても我慢して体験を続けてきた。それが限界になり、行けなくなったとの話をあったんだ。私は気づけなかった」

サイトウ：「そうなんですね」

私　　：「私、今日のサイトウさんの話を聞き、改めて思ったことがあるんだ」

サイトウ：「はい」

私　　：「私はサイトウさんに自宅とグループホームの二者択一の話になった時、どちらにしてもシゲルさんは一人になるのであれば、自分で出来ることを増やしていくのが良いと話した。私が関わるひきこもりの人達も同じ。一人で作業を行えるようになることが良いと考えていた。だから、雇用の話が出た時、私は嬉しかった。でも、その考えで話を進めていくと、一人でやることが良いということになり、誰かに頼ることができなくなる。結果、無理をし、シゲルさんや私の関わるひきこもりの人のようになってしまう。サイトウさん、自立ってどういう意味だと思う？」

サイトウ：「自立は誰かの力を借りず、自分一人で行えることだと思います」

私　　：「そう考えるのが一般的だね。私もサイトウさんと同じように考えていた。でも、違うのかなと思った」
サイトウ：「どういうことですか？」
私　　：「熊谷晋一郎さんという脳性麻痺があり、車椅子で生活する小児科の先生が、震災の時に自分が避難する手段はエレベーターしかなかった。でも、健常者と言われる人達はエレベーター以外に階段を下りる、梯子で降りるなどの手段があった。健常者は誰にも頼らずに生活していると思っているけど、実際は色々な物に頼っていると感じていないだけで、障害者以上に色々なものに依存して生きている。自立とは依存先を増やすことって言っているんだ」
サイトウ：「へぇー」
私　　：「そう考えると、私たちは本人が一人、頑張るという話だけでなく、頑張らなくても、本人が無理のない範囲で生活するにはどうしたら良いかを本人に聞きながら、進めないといけないと思うんだ」
サイトウ：「そうですね」
私　　：「サイトウさんは今後、どうしようと思っていますか？」
サイトウ：「今はシゲルさんに休んでほしいと思いますが、少ししたら、今のアパートをどうするか、アパートへの退院がダメになっても大丈夫であることをシゲルさんに伝えながら、どんな形がシゲルさんの生活にとって良いのかを考えていこうと思います」

私　　：「そう。分かりました。それでは次回の予定を確認させて下さい。一か月後で大丈夫ですか？」
サイトウ：「大丈夫です」
私　　：「次回は一か月後、同じ時間帯で行いたいと思います。ありがとうございました」
サイトウ：「ありがとうございました」

自立、何気なく使っている言葉。分かっているようで、本当に分かっているのか分からない言葉。
「難しいな〜」、会議室の窓から空を眺め、私は相変わらず独り言を呟いていました。
サイトウさんとの振り返りの五日後、私のところにコウイチさんから電話が入りました。

彼：「もしもし。芦沢さんはいますか」
私：「芦沢は私ですが」
彼：「コウイチですが」
私：「コウイチさん？　芦沢です。ご連絡をいただき、ありがとうございます」
彼：「今、良いですか？」
私：「はい。大丈夫です。どうされました？」
彼：「スイマセンでした」
私：「いえいえ、謝らなくて大丈夫ですよ」

彼：「スイマセンでした」

私：「私も気づかず、申し訳ありませんでした。私は急なことで驚いてしまって。何があったのか、聞いても良いですか？」

彼：「気になることがあると、今まで動けなかった」

私：「はい」

彼：「作業で気になることがありました。でも、それを気にしては作業ができない。聞けば良かったのかもしれないけど、言えなかった。果樹は処理しなければならない時間が決まっている。目の前に置かれた大量の果樹を処理することに夢中になり、気になることは我慢しました。でも、作業を終え、家に戻ると思い出す。それが段々、大きくなり、施設に行くことも嫌になった」

私：「そうかあ。大変な思いをさせてしまいましたね。コウイチさん、施設は話をし、中止になっています。なので、コウイチさんが気にしなくて大丈夫です。私はコウイチさんとこれまでと同じようにお会いし、話をしたいと思っていますが、いかがですか？」

彼：「良いですよ」

私：「それは時間をとっても良いという意味で大丈夫ですか？」

彼：「大丈夫です」

私：「ありがとうございます。であれば、これまで月の頭の水曜日の一一時に時間を設定していましたので、同じ枠でいかがですか？」

彼：「分かりました」
私：「ありがとうございます。その枠で予定を入れておきます。よろしくお願いします」
彼：「よろしくお願いします」

二日後、私は都内の会議室でケイコ先生が来るのを待っていました。先生は予定時間を過ぎても現れず、一〇分過ぎたところで現れました。

先生：「ゴメンナサイ。道が混んでいて」
私　：「いえ、大丈夫です」
先生：「あなた、大丈夫？」
私　：「はい？」
先生：「サイトウさんから話を聞き、あなたが落ち込んでいると聞いたから？」
私　：「いえ、大丈夫です」
先生：「そう、ならいいけど。時間ももったいないから始めましょうか？」
私　：「はい。よろしくお願いします」
先生：「シゲルさん、残念だったわね。あと、あなたのひきこもりの人も」
私　：「はい」
先生：「サイトウさんとはどんな話をしたの？」

私　：「自立の話をしました」
先生：「自立の話？」
私　：「はい。私たちは自立を誰かの助けを借りずに、自分一人で行うことと考えてしまう。でも、自分一人で生きている人はいない。色々な人に助けられて、生活している。人はそれを助けられていると感じないだけ。であれば、自立とは依存を無くすことではなく、依存先を増やすことではないかという話をしました」
先生：「そうね。大事な視点ね。それでそれ以外は？」
私　：「サイトウさんとは今後、どうしていくのかを確認しました。サイトウさんは本人が休んだら、アパートをどうするか、アパートへの退院がダメでも大丈夫であることを本人に伝え、今後のことを相談していきたいと話していました」
先生：「そう。あなたはどうするの？」
私　：「サイトウさんと話をした時、私は本人と話ができませんでした。それが先日、本人から直接、電話が私のところにありました」
先生：「そう。電話があったの」
私　：「電話がありました。本人は『スイマセンでした』と話すので、気にしなくて良いと伝えました。本人に何があったのかを聞くと、作業で気になることがあったものの、期限が迫った処理しなければならない果樹が目の前にあり、気になることは脇に置き、作業を頑張ったけど、家に帰れば気になることを思い出し、それが段々と大きくなり、施設に行くのが嫌になったと話していました」
先生：「話ができたのね。それでどうするの？」
私　：「本人には作業体験は私の方で施設に話をしたので、それとは別に私との面接を再開したいと伝え、本人より承諾を得ました」
先生：「そう、良かったわね。それでどうするの？」
私　：「私も一旦、これまでのことはこれまでのこととして、本人にとって無理のない生活の形について本人と一緒に話をしていこうと思います」
先生：「そう。あなた、自立を、依存先を増やすことだと言ったわね」
私　：「はい」
先生：「例えば、ひきこもりの人がこれはしたくない、あれもしたくないと言えば、どうするの？」
私　：「……」
先生：「できることがなくなり、今の生活で良い。それこそ、あなたが彼らと関わる最初の話に戻ることはないの？」
私　：「……」
先生：「嫌なことを避けて、生活ができればそれは素敵なこと。でも、自分の満足できる生活って送れるのかしら。あなた、知らないかもしれないけど、幸せの青い鳥を探し続けることになるんじゃない？」
私　：「はい」

先生：「でも、かといって、社会は厳しいもの。それに合わせることが大切だという話だと、あなた達が上手くいかなった話になってしまう。どうすれば良いのだろう？」

私　：「どうすれば……」

先生：「あなたの話に付け加えるとすると、人は助け合いながら、生活していると考えれば、誰にも頼らないのは、頼る先がないということ。頼られるということは自分を誰かが必要としてくれていると考えれば、誰にも頼らないというのは、誰にも必要とされていないと言うこともできる。シゲルさんも、あなたのひきこもりの人達も頼るだけでなく、頼られる形にしていく必要もあると言えるかもしれないわね」

私　：「頼るだけでなく、頼られる存在」

先生：「そう。だって、あなた、自分がここにいると感じられるのは誰かがいるから。無人島で一人でいたら、自分の存在を確認することはできないのよ。ひきこもりの人達は無人島にいるのと一緒ね。自分の存在を確認することができない。彼らが自分の存在を確認するには頼ると共に、他者に頼られる関係が作れると良いわね」

私　：「はい」

先生：「あと、もう一つ大事なことがあると思うの？」

私　：「大事なこと」

先生：「あなた、ジリツと聞くと、自立と考えてしまうでしょう」

私　：「はい」

先生：「でも、ジリツは自律とも書く。自分をコントロールするという意味で使われるけど、自分のことを自分で決めるという意味でも使うわね」
私　：「自分で決める」
先生：「私、良かったなと思ったの」
私　：「えっ！」
先生：「サイトウさんもあなたも、最初は自分達の想いだけで話を進めていた。それで上手くいくことはないわね。もし、それで上手くいくようであれば、それは元々、本人に力があったということ。あなた達は自分たちの関わりを振り返る中で、本人が決められるように自分達の立ち位置を変えていった。アパートへの退院も作業体験も本人達が決めた。そして、ダメになった後も、あなた達が代わりに決断するのではなく、本人達に決めてもらおうとしている。世の中、思う通りには進まない。我慢しなければならないこともある。折り合う作業がどうしても必要ね。その時に本人が決められるようにその場に居る。居続けることが必要になるの。壁にぶつかりながら、自分なりの生活はこんな形かなと試行錯誤を繰り返していく。これで上手くいくという正解がない以上はそれしかない。あなたもすんなり今の仕事についていないでしょう」
私　：「はい」
先生：「一緒よ。あなたも、みんなも。ただ、その場から逃げてしまえばそれで終わり。私達の仕事は制度ができ、資格ができてから、業務が細分化した。私達の仕事はここまでと線を引くようになった。一般科のワーカーは相談室で外部からの電話を取り、電子カルテで情報を確認し、電話で調整するだけなんて話も聞く。関わるのも入院した期間だけ。一人の人の生活している過程に関わることはできず、生活するってどういうことかイメージできない人も今ではたくさんいるわね。勿論、所属している職場で制約がある。それは仕事である以上は仕方がない。でも、この仕事をしている以上は、これまでの振り返りであなた達が考えたこと、感じたことを忘れず、持ち続けてほしい」

私　：「はい」

先生：「あなた、頑張っているわね。これからも頑張りなさい」

私　：「はい。頑張ります」

先生を見送り、誰もいない会議室で私は来る前に買ったベッドボトルに入ったミルクティーを開け、飲みました。緊張して、喉がカラカラなことに気づきました。一気に飲み干し、空になったベッドボトルをゴミ箱に入れ、大きく深呼吸をしました。バイザーの役割をするように言われ、これまでやってきた。私はその役割を果たすことができているのだろうか？　先生に通常の時間とは別に、これまでの振り返りの機会を持ってもらおうとその時の私はそう思いました。

おわりに

私は先生に連絡を入れ、前回の先生との振り返りの二週間後に改めて時間を作ってもらうことにしました。担当したサイトウさんの事例は入院という形で一つの区切りを迎え、私は全体を通した振り返りの機会を持ってもらうことにしました。

先生は約束の五分前に会議室に来ました。

先生：「こんにちは。待った？」
私　：「待っていません」
先生：「そう。あなたから、これまでの振り返りと言われ、そう言えば、その機会を持ってこなかったと気づき、良かったわよ、言ってくれて」
私　：「お時間を取っていただき、ありがとうございます。よろしくお願いします」
先生：「それでは始めましょう。今回、私があなたにバイザーの役割をしなさいと言い、サイトウさんの担当をしているけど、やってみてどう？」
私　：「難しいです」
先生：「何が難しい？」
私　：「バイザーになると、例えばサイトウさんを通して担当しているシゲルさんのことを考えないといけない。その上で私がシゲルさんと関わるのではなく、あくまでもサイトウさんが関わるので、サイトウさんの今後の関わりに少しでも役に立つような働きかけをしないといけない。私が分かっていてもダメで、サイトウさんが分かったと思ってもらわないといけない。それが難しいです」

先生：「そうね。難しいわね。これまでの経過をあなたなりに振り返ってみて」

私　：「はい。私はサイトウさんと話を始めた時、サイトウさんの立場を考えず、私自身が正しいという答えをサイトウさんに押しつけていました。それを先生より指摘され、サイトウさんの立場を聞くようになりました。聞いた上で、サイトウさんには、相手の歴史に関心を持つように話をしました。でも、話している私自身も相手の歴史に関心を持つことができていないことに気づきました。先生より、あなたのコピーはいらないとの話があり、私はまだ自分自身の正しさをサイトウさんに押しつけていることに気づきました」

先生：「そうね。そうだったわね。それで？」

私　：「その後は分からなければクライエントに戻ること、結果に拘らず、過程を大事にすること、相手と関わる時間を大切にすることをサイトウさんと振り返りながら、確認しました。でも、それらについても、私はバイザーとしてサイトウさんに伝えながら、私自身が自らの実践では取り組むことができていませんでした。私は自分自身が情けなくなりました」

先生：「そう？　私はそうは思わないけど」

私　：「違うんですか」

先生：「あなたは最初の頃とは違うわよ」
私　：「違いますか？」
先生：「違うわね。あなたは最初の頃は私に言われなければ気づけなかった。でも、回数を重ねるごとにサイトウさんとの振り返りの時点で自分自身ができていないことに気づくようになった。そして、それを自分で言葉にするようになった」
私　：「そうですね。サイトウさんの話を聞きながら、自分のことをリンクするようになりました」
先生：「以前、あなたにも言ったと思うけど、バイザーの役割をしているあなたと、実践をしているあなたは一緒。それを別けて考えている間は、あなたの言葉はどこか他人事。サイトウさんと自分自身の話が交差するようになったことで、自分事としてサイトウさんのことも考えられるようになった。その違いは大きいのよ」
私　：「はい。私はサイトウさんと関わる中で、サイトウさんのシゲルさんとの関わりを通して、自分自身を見られるようになったと思います」
先生：「もう少し言葉にしてみましょうか。どういうこと？」
私　：「サイトウさんが関わるようになることが私の役割ですが、振り返りを通して、問われてくるのはサイトウさんではなく、それに関わる私自身だということを感じました。これまで先生にスーパービジョンを受けていた時は、私は問題の渦中にいて、客観的に自分のことを見ることができませんでした。でも、バイザーという役割が与えられ、私自身が自分自身の事例と距離を置けたことで、サイトウさんを通してですが、私を客観的に見ることができたと思います」

先生：「そうね。大事な視点ね。あなたを見ていて、あなたは相手が困っていれば、相手のことばかり考える。それは凄く大切なこと。でも、距離が取れなくなり、自分自身の立ち位置が分からなくなることがある。それを自覚するためには、自分のことを他者に言ってもらっても分からない。なぜなら、あなたは渦中にいて、他者からいくら言われてもピンと来ない。他者のことを考えることで、渦中から離れることができる。客観的な立場となり、他者を見ることで、自分自身のことも距離を取って考えられるようになる。私があなたにバイザーをさせた大きな理由はそこにあるの」

私　：「そうだったんですね。あと……」

先生：「あと、何？」

私　：「私は何気なく使っている言葉、例えばジリツという言葉も、そこにどのような意味を込めるかで大分、変わってくると思いました」

先生：「そうね。あなた達に学生時代からソーシャルワーク観を書くように話してきたけど、事例を重ね、振り返りを行う中で、変わるところ、変わらないところが出てくる。それを見ていくことがとても大事よ」

私　：「ありがとうございます」

先生：「サイトウさんの面倒、まだもう少し見てあげなさい。あなた自身のためにもなると思うわよ」

私　：「はい。……先生、一つ聞いても良いですか？」
先生：「何？」
私　：「先生は何でこの仕事をしたいと思ったのですか？」
先生：「何でそんなことを聞くの？」
私　：「以前、病院に勤務していた時に関わった人が今年、亡くなりました。そのことを病院の看護師に聞いた時に、彼に『芦沢さんは何でこの仕事をしているのですか？』と聞かれたことを思い出したんです」
先生：「あなたは何て答えたの？」
私　：「私は彼に平穏な暮らしを送ってほしいと思っているからですと答えました」
先生：「そう。それではないの？」
私　：「その気持ちは正直なものですが、でも聞かれている答えにはなっていないような気がして」
先生：「そう」
私　：「それで先生は何でこの仕事をしているのか、聞いてみたいと思いました」
先生：「そうね。何で。考えたこともなかったわね」
私　：「え！」
先生：「何で驚くの？　この仕事をするのに理由が必要？」
私　：「必要かと言われれば、別に必要はないのかもしれません」
先生：「であれば、それで良いじゃない」

私　：「はあ」
先生：「あなたは何かすることに意味を求めたがるわね」
私　：「意味？」
先生：「何かすれば、それに理由があるのか、意味があるのかを考えてしまう。でも、私たちは理由がよく分からないけど、していることだってあるでしょう？」
私　：「そうですね」
先生：「理由を考えることは大事。でも、理由があるはずだと脅迫的になるのは違うと思うわよ。あなた、前もソーシャルワーカーになれているかどうかを私に聞いたわね」
私　：「はい。聞きました。何か理由があると、それで納得したいのだと思います」
先生：「であれば、あなたが自分でその理由を探してみなさい。良いじゃない。自分がソーシャルワーカーを何でしているのかの理由探し。見つけたら、私に教えて」
私　：「はい。今日はありがとうございました」
先生：「お疲れ様」

先生のいなくなった会議室。私は以前、病院で勤務していた時に担当したジロウさんとの思い出を思い浮かべていました。

一二月の寒い土曜日。土曜日は交代で半日勤務があり、その日は私が当番で半日勤務をしていました。一一時五〇分、あと一〇分で勤務が終わるタイミングでジロウさんから私に電話が入りました。

彼：「芦沢さんですか？」
私：「芦沢ですが、ジロウさん、どうしました？」
彼：「入れません」
私：「はい？　どこにですか？」
彼：「家に入れません」
私：「どういうことですか？」
彼：「鍵を失くしました」
私：「え！　それは大変だ」
彼：「芦沢さん、寒い。寒いです」
私：「分かりました。私がこれから行きますから、待っていて下さい」
彼：「はい」

私は事務室で事情を説明し、ドライバーなどの工具を借り、急いで彼の家に向かいました。彼の家に着いたものの、家の前で待っていると思っていた彼は見当たらず。家は昼間の明るい時間帯なのに、明かりが点いていました。

私：「あれ、おかしいな」

玄関に近づくと、聞き覚えのある音が聞こえてきました。「ガー。ガー」、お約束のような音を聞き、彼が入れないと言っていた玄関に手をかけ、横に引いてみると、玄関はすんなり開きました。玄関に入り、炬燵でイビキをかき、寝ている彼に声をかけました。

私：「ジロウさん。ジロウさん」
彼：「ガー。ガー」
私：「ジロウさん」
彼：「あっ。誰ですか？」
私：「芦沢です」
彼：「誰ですか？」
私：「あ・し・ざ・わです」
彼：「芦沢さんですか？」
私：「はい。芦沢です」
彼：「芦沢さん、何しに来たんですか？」
私：「はい？　ジロウさんが鍵を失くして家に入られないと電話をしてきたので。この寒い中で外にいては大変だと思い、工具を借りて来たんですよ」

彼：「あっ。そうだったんです。芦沢さんも大変ですね」
私：「ありがとうございます。鍵はどこにあったんですか」
彼：「炬燵の中にありました」
私：「玄関、開いていたんですか？」
彼：「鍵をかけるのを忘れていました」
私：「そうだったんですね。それは良かった。鍵があったのであれば、私は帰りますよ」
彼：「芦沢さん、せっかく来たのであれば、私に卵焼きを作ってください」
私：「はい？」
彼：「今日、土曜日でヘルパーさんが来ないから、卵焼きが食べられないんです。作って下さい」

私は台所を借り、卵焼きを作り、皿に載せ、彼に渡しました。彼は卵焼きを食べました。

彼：「芦沢さん、卵に砂糖、入れましたか？」
私：「入れませんよ。ジロウさん、太りすぎで糖分はセーブするように言われているじゃないですか」
彼：「芦沢さん、冷たいですね」
私：「私は戻りますね」
彼：「芦沢さん、これを見て下さい」

私：「はい？　これはアルバムですか？」
彼：「働いていた時の写真です」
私：「ジロウさん、かっこいいですね」
彼：「へへへ……」
私：「ジロウさんはトラック野郎に憧れていたんですよね」
彼：「はい。菅原文太がかっこいいんです」
私：「そうですね。かっこいいですね」
彼：「芦沢さんは誰かに憧れたことはありますか？」
私：「憧れですか？　特にないですね」
彼：「寂しいですね」
私：「そんなことないですよ。私、帰りますね」
彼：「はい。芦沢さん、ありがとうございました。」

ジロウさんに言われた時、私は何も返せませんでした。でも、今だったら、言えるような気がします。私はケイコ先生に憧れていた。ケイコ先生のようになりたいと思っていた。

でも、なれない自分自身が情けなく、嫌になっていました。

届きたいと願いながらも届かない影を追い求め、私はこの仕事を続けてきたように思いました。先生のようにはなれなくても、私なりのソーシャルワーカーになりたい。それを探し求める道はまだまだ続きそうです。

「大変だな」、会議室の窓から見える景色を見ながら、私は呟きました。私の呟きに反応して、ジロウさんが「芦沢さん、大変ですね」と言ってくれているような気がしました。

Ⅱ　ただひたすらに、その人を中心に据える

山岸倫子

はじめに

気候が良くなってくると、我が家の周りでは窓を開けている家が多くなる。そうすると、近所の家から子どもが弾くピアノがきこえてくる。躓き、早まり、たどたどしいタッチで紡ぎだされるメロディに、幼少期を思い出す。

子どものときにピアノを習っていて、その才能は全くなかったが、先生のかかわりをよく覚えている。先生はすぐ傍らにたち、課題の曲を弾く私の手を見ながら、「指使いが違う」「もっとやわらかく」「そこははねないっ」「だんだん大きくっ、もっともっともっとそうそうそう」ととにかく細かく指摘を繰り返す。当時、本当に子どもだったので、大変申し訳ないことに「怖いな」くらいにしか感じなかったが、今思うと先生のその指導は、スポーツにも似た集中力やハードさを伴っていたのではないかなと推測している。

なぜこんなことを書いているかというと、私が今、福祉の仕事をする中で、支援とは何ぞやということを教える側に立っているからだ。業務についての手順書は作れるが、支援そのものについての手順書は作れない。気を付けるべきポイントや理念は口頭で伝えられるが、行動行為に落とし込むにあたっての手順を標準化するには、変数が多すぎるのだ。

福祉でいうところの変数。それはクライアントの個人としての状態像はもちろんのこと、社会の状態であるとか、自分自身のキャラクターであるとか、その日のコンディションであるとか、自身が身を置く組織であるとか、担当する業務の守備範囲であるとか、一般化、定式化できない要素が変数として入り込んでくる。それが人と人とがかかわるということであり、人と人とがかかわることでしかできない仕事であるということの証であるのかもしれないが、多くの人が、現場に入ると困ってしまう。先輩の背中を見たり、いろいろなことを勉強したりしても、頭と身体がうまく連動しなかったり、そもそも自分自身という変数の存在を忘れていたりということが発生してきてしまう。

一方、支援の現場に入り何年か経つと、今度は教える側になることを求められる。ここでもまた、壁にぶち当たってしまう。教えたことをうまくできない後輩が出てくる、何が問題なのかを明確に言葉にすることが難しいということが発生してしまう。しかし、もともと福祉を志す人の多くが人の感情に敏感であったり、感覚的に物事を把握していったり、言葉なき訴えに気づいたりするということに長けていたりするので、なんとなくこれでよいのかなと思いながら、適応していく。

支援に正解はないのかもしれない。そういう意味では、教えるということ自体が難しかったり、もしかすると無意味であるのかもしれないと思ったりするが、「よい支援」を提供したいという思いは共通しており、それぞれが思うよい支援は、抽象度を上げると、同じ理念、例えば寄り添う、であったり、共に生きる、であったりというところに落ち着く。

少し神経質なのかもしれないが、私はそこにとても居心地の悪さのようなものを感じる。決して白黒つけたいということではなく、理念と行動を行き来するプロセスをもっと共有したいと感じる。その一つの方途が、「スーパーバイズである」と感じるのだ。

ピアノの先生の話に戻ろう。寄り添い型支援は伴走型支援ともいわれる。字のごとく、マラソンなどで寄り添って走る伴走者のイメージだ。この言葉は決して一般的ではないため、ワードで伴走型支援と打つと、伴奏型支援と変換されてしまったりする。この誤変換を見ているうちに、いわゆるピアノでいうところの「伴奏」のようなイメージもまたアリではないかと感じるようになった。

曲にもよるが、多くのピアノ曲に、主題（主メロディ）を引き立たせるための伴奏がある。支援において、クライアントの人生を主題とし、そのメロディが美しく奏でられるよう添えていくのが支援者の役割の一つではないか、そんな風に考え始めた。そうすると、伴奏者である私たちは、主題とのかかわりにおいて、どのように何を奏でるべきだろうか。主題をかき消してしまうほどの強いタッチで支援者自身が奏でたい主題を奏でていては、音楽として成り立っていかない。ゆっくりとした主題に対し、高速の伴奏を奏でてしまっても音楽として成り立たない。主題をよく聴き、主題にあった伴奏を奏でることで、厚みをもった美しい音楽が奏でられるのだ。そう考えたとき、かつて怖かっただけのピアノの先生がモデルとして私の前に立ち現れた。指導の意味、タイミングなど支援の現場で援用可能なことがあるのではないか、と思ったのだ。

前提として伝えておきたいのは、私はあまりクライアントをクライアントとしてみていないということだ。助ける／助けられるという関係性は表面上はつきものであるが、それを超えたところでの人と人とのかかわりというところが紡ぎだすものが、より良き支援につながるという信念のようなものがある。だから、少し変わっているかもしれないが、支援についてのイメージは割と豊かで美しいものとして（現実にかかわる現象としては全く美しくはないが）ある。ピアノというエレガントなイメージのものと困窮という現実的でネガティブなイメージのものを同じ土俵で語ること自体が不謹慎だという見方もできるかもしれないが、私は、困っている人が不幸で、弱くて、つらくて、それだけを回避したいという人生を過ごしているとは思っていない。今、困ってはいるが、その人にはその人の人生があり、強みがあり、苦痛を取り除いたところで奏でたい音楽があるのだという思いがある。

この文章の中で、今から私が書こうとしているのは、日々のスーパーバイズの在り様である。支援同様、スーパーバイズもいろいろな形態があってよいから、少なくとも私はこういやってこういうところに気を付けてスーパーバイズをするということしか書けない。そういう意味では、この本に先行して書いた『ソーシャルワーカーになりたい』という本に非常によく似た構成をとることになる。私がどのようなところに着目し、どのように若い支援者を育てるか、ということに焦点を当てたものとなっていて、それは、私が支援の中でどういうことを大切に思っているかというところにつながるものでもある。結局のところよい支援とは何かとか、ソーシャルワークとは何かというところにもつながってくるのだなぁと改めて思う。

文章は、事例を中心に展開する。私は生活困窮者の領域で働いており、その事例の持ち出しが難しい立場にあるため、事例は架空である。また後輩をさらし者にするつもりもないので、目にしてきた「陥りがちなよいと思えない支援」を一般化し、架空の後輩を登場させる。

はじめに書いておこうと思う。本書を通して、私が書きたいことはたった一つ。クライアントを起点にするということだ。たったそれだけのことをクドクドと書き続ける。それは、クライアントを常に考えるということが思いのほか難しいからだ。多くの人が、クライアントを起点にするということについて、それはそうだ、異論はない、と言うだろう。しかし、福祉の実践は、知っていることと理解していることの間に、また、知って理解していることとやっていることの間にも結構な距離がある。自転車の乗り方を知っていて、構造的にも理解していたとしても、乗れるかどうかはまた別の問題であるように、私たちはわかっているはずなのに、できなかったり、やらかしてしまったりする。そして、福祉の実践は、紛れもなく、「人」を対象としており、支援する人としての自分もまた「人」であるので、自転車に乗ることよりも、支援ははるかに難しい。大事故につながっていないのは、「うまくできている」のではなく、クライアントの方が、歩みよってくれているという事も多々あるし、我慢してくれているという事もある。その可能性を見ずに、できている自分像をもってしまえば、あっというまに、クライアント不在の状態となる。そうならない為に、私たちには、色々と気をつけなければならない。

第1章

相談室の入り口

1　表象としての大きな指輪

その日、私は新しく配属されるミカさんを待っていた。書類を整理しながら、時計を見ると、約束の時間まであと少しとなっていた。あわてて執務室を出ると、彼女が迷子にならぬようにと、履歴書の写真を思い出しながら入り口に目をやった。その時、あまり福祉の現場で見かけないようなお洒落な女性が現れた。ふーん、と思い、再びミカさんを探し始めたところ、「山岸さんですか?」とそのお洒落な女性に声をかけられる。その女性がミカさんだった。履歴書の写真は地味な感じで、別人かと思うほどだ。こうして、ミカさんとの試練の日々が始まった。

ミカさんはこれまで全く別の業界におり、年齢は二〇代半ばだ。もともと福祉に興味はあったが、若いうちにいろいろなことを経験したいと思い、美容部員として働いていたとのことだった。言われてみれば、美容部員っぽいメイクだ。もっと言えばキャビンアテンダントのような華々しい雰囲気もある。育ちの良さを感じさせる所作振る舞いが随所に見られ、根の優しさが感じられる。しかし、彼女の見た目に、私は一抹の不安を覚えた。果たして利用者からはどのように映るのだろうか。私たちのフィールドは、生活困窮者自立支援である。基本的に、窓口にはお金に困ってくる人がやってくる。

しばらくたったころ、ミカさんは同年代の主婦をクライアントとして迎えた。その主婦（ユリエさん）は生後半年くらいの子を連れている。子は、よだれまみれになった手でユリエさんをベシベシたたくため、落ち着いて話せないだろうと思い、私は抱っこを買って出た。そして、ゆらゆらしながらミカさんとユリエさんの様子をみていた。

ユリエさんの主訴は「生活が苦しい」ということだった。ミカさんは、「そうですか、それは大変ですね」と相槌を打ちながら聞いている。どうやら、ユリエさんは、夫と子どもとの三人暮らしであるが、夫の親が最近脳梗塞を患い、入院費等をユリエさんの世帯で負担しているようだった。夫の収入は二三万円。都営住宅で家賃が安いので生活できなくはない。子が一歳をすぎたら、ユリエさんも仕事をするつもりでいたという。

ミカさんは、神妙な面持ちで話を聴き続け、夫の親の方に活用できる制度や資産がないか探っていったが、ついに家計の話となった。その時、ユリエさんの表情が変わった。

ユリエさん：「なんでですか？　なんで家計のこと話さなきゃならないんですか？　私が無駄遣いしてるっていうんですか？　服一枚買ってないのに？　美容室もいってないのに？

なんでみんな私が悪いっていうんですか?」

まくしたてるように怒り、ユリエさんは泣いた。ミカさんは圧倒されながらも「ユリエさんが悪いなんて誰も言っていませんよ」と優しく言う。ユリエさんはさらに怒り、「あなたみたいな人に私の気持ちがわかるわけない!!」と怒鳴り散らした。かわいそうに、ミカさんも泣きそうになっている。私自身幾度となく聞いてきたこのセリフ「あなたに私の気持ちはわからない」。だからこそ、想像をめぐらせ、聞かせてもらうのが私たちの仕事だ。

ユリエさんは、私が介入するまでもなく、すぐに落ち着きを取り戻し、家計について話をしてくれた。若い夫婦であるユリエさん世帯にとって、両親の入院費すべてを肩代わりできるほどの余力などなかった。その家計表はつつましく、ユリエさんの涙を反映するかのように、きっちりとしていた。ユリエさんは、ポツリと言った。「どうしても辛くて、毎日一個ずつシュークリーム食べちゃうんです。贅沢ですよね?」

ユリエさんが帰ったあともしばらくミカさんは茫然としていた。無理もない。助けて喜ばれるはずと始めた仕事で牙をむかれるのだから、彼女にとってみれば青天の霹靂だ。私はミカさんと話をすることにした。

ミカさん:「正直、ユリエさんがなんで切れたのかわかりません。はじめはショックでしたが、今は腹が立ってきています。逆切れじゃないですか?」
私　　　:「そうだね。びっくりしたよね。ミカさん、ユリエさんの身なりは見た?」
ミカさん:「見ました。ヨレヨレのTシャツと、ジーパン」
私　　　:「髪の毛は?」
ミカさん:「ぼさぼさのロング」
私　　　:「だね。ちょっと想像してみようか。もしミカさんが、結婚していて、子どもがいて、育児だけでもいっぱいいっぱいなところに、夫の親の援助をしなければならない状態になったら?」
ミカさん:「無理です」
私　　　:「でも、ユリエさんはやろうとしている」
ミカさん:「夫がダメなんですよ」
私　　　:「うん、そういう見方もあるね。事実はわからないけれど、実際のところ、どうなんだろうね」
ミカさん:「私、自分だったら夫を許せないと思う、って今真っ先に思ったのに、ユリエさんにご主人のこと聞かなかった……」
私　　　:「ユリエさんは、なんでみんな私が悪いっていうんですか、と言ってたよね? みんなってことは、誰かがすでにユリエさんが悪いというニュアンスのことを言ったんじゃないかと思うんだけど」

ミカさん：「ユリエさんが怒りだしたから、私、パニクっちゃって聞き逃しました」
私　　　：「もう少し深めようか。もし夫が悪いとするとどういう気持ちになる？」
ミカさん：「あなたの親なんだから、あなたがもっと頑張ればいいのに、なんで私にばかり何とかしろっていうの？　私は服も買えないし、美容室もいけない。家の中で、子どもと二人きりで、食費もぎりぎりまで節約しているのに……みじめな気持ち？」
私　　　：「あなたには私の気持ちはわからない、ってどうして言われたと思う？」
ミカさん：「同じような年齢なのに、『良い生活しているように見えた』から？　いやいや……別に良い生活なんかしていないですよ。給料だってそんなに高くないし」
私　　　：「それは知ってる。でも私たちがクライアントのことが全く分からない中で相談をスタートするように、クライアントも私たちのことをあまり知らないのよ。クライアントにとっては、相談窓口で働いているミカさん、っていう人。あとは、見た目や持ち物、話したときの印象なんかを見ているの。だって、自分の人生がかかった相談なんだから、どんな背景の人が相談に乗ってくれるのか、気になるでしょう？　私たちは、私たちが見る以上にクライアントに見られているんだよ」
ミカさん：「ビーズの指輪……」
私　　　：「ん？」
ミカさん：「ビーズの指輪してました。左手の薬指に。それに……手がすごく荒れてました。水分がないというか」

ミカさんの指には、大きな指輪がついていた。私はそこらへんに疎いので、それがどの程度価値があるかはよくわからないが、ミカさんはジッと自分の指を見た。次の日、ミカさんの手から大きな指輪が消えており、全体的に地味な印象になった。履歴書の写真のように。

「あなたに私の気持ちはわからない」。これは本当だ。私たちはクライアントのことを何も知らない。クライアントもまた私たちのことを知らない。役所の非正規公務員、年収二六四万円ほどで働いていたときも、「あなたみたいに、役所の中でいい給料で働いている人にわかんないわよ」と何度言われてきたことか。その都度、腹を立てたり、むなしくなったりしたが、「なぜそんな風に言うのか？」を考えたときに、困っている状態で引き起こされる独特の心理状態があるように感じられた。

一週間後。ミカさんのもとにユリエさんがやってきた。少しだけ化粧をしていた。子は相変わらず、そんなユリエさんの顔をよだれでクレンジングするかのようにベタベタ触ってきゃっきゃきゃきゃっきゃと言っている。

ユリエさん：「先週はすみませんでした」

ミカさん　：「いえ。こちらこそ。少し無神経だったと反省しています」

ユリエさん：「……今日は指輪していないんですね」

ミカさん　：「あっ……」

ユリエさん：「ホラこれ。ちゃっちいでしょ。お金たまったら買ってくれるって言ってたんですよ。夫が。でも、アッという間に子どもができて、そうこうしているうちに、親が入院でしょ。ちょっとでも指輪の話題出すとね、夫が怒るんです。親が入院しているのに、お前は冷たい奴だって。私自身もそう思ったりするんです。家族で頑張らなきゃならないときに、自分のことばっかり気にしてみっともないっていう気持ちに。で、ホラこの間、相談員さん、素敵な指輪してたでしょ。あれ見てたら、凄くみじめで腹立たしい気持ちになってきて。私、アパレルで働いていたんです。だからファッション系には人一倍興味があって、うらやましい、いいなあ、私なんてって勝手に卑屈になって」

ミカさん　：「ここだけの話……私、先月まで美容部員だったんですよ。でもカツカツだったんですよね。あんまりお給料高くなくて。でも、お客さんはみんなバンバン数万円の化粧品買っていくでしょ？　売ってなんぼなんだけど、なんか悔しくなって、納豆生活してお金貯めて買ったんですよ、あの指輪」

ユリエさん：「いろいろありますね」

ミカさん　：「いろいろありますよ」

ミカさんとユリエさんは結果として、関係性を修復できた。しかし、中には修復できない人もいる。来なくなってしまう人もいる。相談の中で、明らかな不快の意を示したユリエさんは、強い人だと思う。通常、福祉の中でストレングスという場合、その概念自体は広いものであるが、「○○できる」ということに焦点をあてられてしまうことが多い。しかし、私が「強さ」を感じるのは、まさにこういう場面だ。自分の生き方、ポリシーを失うまいと必死に抗い、尊厳を守ろうとする怒りやエネルギーに大きな強さを感じる。ユリエさんの怒りは、ミカさんを驚かせ、動揺させた。その怒りの源に相談者が気づかない場合、アセスメントには次のように記述されてしまうだろう。「主は会話の途中で怒りだし、情緒不安定な様子が見受けられた。また、支援員に対して拒絶感が強く、助言等を聞き入れられる状態にない」と。

本日のスーパーバイズメモ

・私たちがクライアントを見ている以上に、クライアントは私たちを見ている。私たちがどういう人間かということの「品定め」はまずは見た目から始まっている。困っているという状態の人が来る相談窓口において「困っている人がどのように感じるか」ということを起点においた服装等を選択できるようになる。

・支援者自身が、「自分の気持ち」を正直にとらえることも大事なこと。ユリエさんの怒りに触れて「腹が立った」ミカさんの気持ち自体も表明できた方が良い。その方が、掘り下げが進む。

・自身が「クライアントにとってどのように映ったか」という自省なく、現象のみをとらえると、アセスメントを誤ることがある。そしてその見誤りは支援自体の方向性を大きく狂わせる。つまり、相談をうけた時点で自身がクライアントにとって影響を与えうる存在であるということを自覚すること。

・ストレングス視点を、〇〇できるということのみとらわれず、大きなくくりで感じられると良い。「できること」に価値を置きすぎると、「できないこと」へのマイナスのメッセージと同じメッセージを発してしまう。存在そのものの持つ強さをきちんと感じたい。

2　それ聞いてどうすんの？

サトシさんは、三〇代半ばの支援者だ。彼は情報収集で困っているようだったので、私は後ろの方で彼の聞き取りを聞くことにした。

サトシさん：「お名前は、ミツヤさんですね。職探しで困っていらっしゃるんですね。これまでのご職業はなんでしょうか」

ミツヤさん：「塗装」

サトシさん：「最後の会社はいつ辞めましたか？」

ミツヤさん：「先月」
サトシさん：「退職理由は何ですか？」
ミツヤさん：「社長と喧嘩して」
サトシさん：「何年くらい勤めていましたか？」
ミツヤさん：「覚えてねえけど、五年くらいじゃないの？」
サトシさん：「その前の仕事はなんでしたか？」
ミツヤさん：「同じだよ」
サトシさん：「塗装、ですね。それはなんで辞めましたか？」
ミツヤさん：「覚えてねえよ」
サトシさん：「直近の会社での給与はいくらでしたか？」
ミツヤさん：「大体三〇万くらい」
サトシさん：「滞納や借金はありますか？」
ミツヤさん：「税金ちょっとと、あとはあれだよ、消費者ローン」
サトシさん：「いくらですか？」
ミツヤさん：「わかんねーよ」
サトシさん：「ご家族はいますか？」
ミツヤさん：「いないよ」
サトシさん：「ご結婚されたことは？」

ミツヤさん：「ないね」
サトシさん：「お子さんはいらっしゃいませんね」
ミツヤさん：「いねーよ」
サトシさん：「ごきょうだいとかは？」
ミツヤさん：「田舎にいるんじゃないの？」
サトシさん：「最終学歴を教えてください」
ミツヤさん：「それ聞いてどうすんの？」
サトシさん：「あっ。無理に言わなくても良いです」

ミツヤさんはイライラしている。サトシさんが使っているのは生活困窮者自立支援制度の中で使われているアセスメントシートで、サトシさんはこの項目に沿って質問をしていた。生活困窮者自立支援制度における相談は、表面的なニーズだけではなく、総合的にアセスメントしていくことが求められるため、アセスメントシートに載せられた項目は多岐にわたる。サトシさんはこれを忠実に聞こうとしていた。面談終了後、サトシさんとスーパーバイズの時間をとった。

私　　　：「それ聞いてどうすんの？　って言われてたねえ」
サトシさん：「はい。僕も聞いておきながら、そう思いました。聞いてどうすんだろ、って」
私　　　：「……何のために聞くと思う？」

サトシさん：「よくわかんないんです。ミツヤさんは、もう七〇歳だし、今更中卒でも高卒でも大卒でもどうでも良い気がするんです」
私　　　　：「私もそう思う。じゃあなんで聞いたの？」
サトシさん：「アセスメントシートに書いてあるから、聞かなきゃいけないのかなと思って」
私　　　　：「ミツヤさんがイラついていたのはわかった？」
サトシさん：「はい」
私　　　　：「そうだね。イラつきを察知したサトシさんは、どんどん早口になっていったけれど、それは気づいた？」
サトシさん：「いえ、それは気づきませんでした。でも、言われてみれば早く聞き取りを終わらせたくなって、焦ったかもしれません」
私　　　　：「じゃあ、改めて、ミツヤさんはなんでいらだったんだと思う？」
サトシさん：「聞かれたくないことだったのかも」
私　　　　：「その可能性もあるね。でも、ちょっと待って。そもそも、ミツヤさんはなんで私たちに話をしなければならないの？」
サトシさん：「支援を受けるためです。正直にいろいろと話をしてくれないと支援ができません」
私　　　　：「じゃあ、支援に必要な情報はどうやって判断している？」
サトシさん：「正直、僕は経験も浅くて、よくわからないから、とりあえず聞き洩らしがないように、アセスメントシートに書いてあることは必要だと思って聞いています」

私　　　　：「なるほど。ちょっと整理してみようか。ミツヤさんは仕事が決まらず生活に困って相談に来たのよね。ミツヤさんは何を求めていたんだろう」

サトシさん：「……わかりません」

私　　　　：「仕事かな？　お金かな？　借金かな？」

サトシさん：「仕事の話を一番最初にしていたので仕事の話だと思います。仕事さえすれば借金は返せるって言ってたから、借金のことはあまり気にしていない様子でした」

私　　　　：「うん。それが本人から発せられたニーズだよね。本人としてはそれが一番課題で、それが何とかなれば、全体的に何とかなると考えているのかもしれないしね。まずは、その時一番困っていると感じていること、に焦点を当てて聞き取りをしてみようよ。ぶっちゃけ、サトシさんの面談、取り調べみたいだったよ。アセスメントシートを埋めることに必死になっちゃうと、どうしても本人の生の声がおろそかになっちゃうことがあるの。アセスメントシートは、誰がやっても、そこそこの情報収集ができるつくりになっているけれど、頼りすぎると、目的と手段がひっくり返ってしまうんだよ」

サトシさん：「じゃあ、ミツヤさんの場合はどうすれば……」

私　　　　：「はじめの段階では、多少聞きもれがあっても大丈夫だから、とりあえず、ミツヤさんの話や困りごとをしっかり聞いてみることを心がけてみて」

サトシさん：「はい」

こうして、ミツヤさんと二回目の面談が始まった。ミツヤさんは「早く仕事を探したい。仕事を探す手伝いをしてほしい」と明確に述べた。サトシさんは、スーパーバイズを受けて、他のことをこちらから質問せずに、まずは本人から発せられるニーズに耳を傾け、それに一生懸命応えようとした。ミツヤさんは、これまで知人の伝手で仕事をしてきていたため、就職活動というものをしたことがなかったし、職業安定所の存在も知ってはいたが、使ったこともなかったという。そもそも履歴書や職務経歴書も書いたことがないということが判明した。彼が困って役所に来ているということは伝手がなくなってしまったのだろう。そこで、サトシさんは、履歴書を一緒に書きましょうとミツヤさんに伝えた。ミツヤさんは、そこで初めて、自身が高校を中退しており、それが大変なコンプレックスとなっているということを打ち明けてくれた。また、覚えていないといっていた職歴は実に鮮やかに覚えていた。サトシさんはもともと社会保険労務士の資格をもっており、年金制度に詳しかったため、職歴からすぐに年金の受給権が発生している可能性について気づくことができ、私に相談してきた。

サトシさん：「ミツヤさん、とぎれとぎれですけれど、年金は結構支払ってきているんですよね。一度年金について打診してみたいと思うんですがどうでしょうか」

私　　　　：「いいと思うよ。彼が血眼になって仕事を探す理由も、それでわかるかもしれないね」

サトシさん：「次の面談で聞いてみます」

そして次の面談日。

サトシさん：「ミツヤさん、この間履歴書書いてくださいましたよね。それを見ると、ミツヤさんは正社員として働いてきている時期が相当あって、それも大手企業さんなので、厚生年金に加入していたんじゃないかと思うですが、どうでしょう」

ミツヤさん：「記憶ねえなあ。一時期、すげえ高い年金保険料払ってたことはあっけど、年金手帳もなくしちゃったし、わっかんねぇんだよな」

サトシさん：「年金手帳がなくても、調べる方法はあります。もしよかったら、私と一緒に年金事務所に行って調べてもらいませんか？　もし、年金が少しでも発生するならば、仕事についても金額とか日数とか、いろいろと選択肢が広がるかもしれませんし」

こうして、サトシさんとミツヤさんは年金事務所に行くこととなった。道中、ミツヤさんはサトシさんにたくさんの話をしてくれたようだ。今は単身生活を送っているが、田舎には九〇歳になる母がいるという。母は、最近まで元気だったが、体調を崩し入院しており、同居していたきょうだいが入院費用も含めて面倒を見てくれているらしかった。それは、ミツヤさんにとっては大変もどかしいことのようだ。世代的にも、末っ子のミツヤさんに送金をしてもらわなくとも、敷居を跨がせないなんてことはないのだと思うが、ミツヤさんは東京に出て好き勝手したと思っている手前、送金の一つでもしなければ「おふくろの死に目に会いに行く権利はない」という気持ちでいるのだという。

年金事務所に同行した結果、ミツヤさんには、やはり年金の受給権が発生していた。月五万円程度と決して十分な額とは言えないが、受給権が発生してかから受け取っていなかった分のうち、五年間分を遡及受給できるため、まとまったお金が手に入ることとなった。それに伴い、当初、四〇万円としていた就労での目標金額を二〇万円まで下げてくれた。そのころには、ミツヤさんは、サトシさんに全幅の信頼を置くようになっており、死ぬまで困らなくて済むように家計の相談ものってほしいという申し出があった。

ある日の夕方、ミツヤさんがフラリと現れた。「おふくろの見舞いに行って昨日帰ってきたんだ」と。

人が発するニーズには、必ずその人のストーリーがある。働きたいといえば、働かなければならない／働きたいストーリーがあるし、お金がないのでお金がほしいといえば、お金が無くなるに至ったストーリーがある。借金にも、学歴にも、成育歴にも、今得ている収入にもすべてにストーリーがある。私たちが聞き取るのは、「情報」ではなく「ストーリー」なのだ。

ストーリーを話すことは、多くの人にとって抵抗がある。ストーリーは自分の人生そのものであるから、それを人に話すということは、それが自分のストーリーであることを認めるということでもあるし、ストーリーをジャッジされるリスクをはらむからだ。そういった意味でも、ストーリーを構成する個人情報は、とてつもなく「個人的な情報」であり、その一つ一つが「本人にとって何らかの意味を持つ」ものである以上、私たちは、細心の注意と、最大の敬意を払って情報を受け取らねばなるまい。

とかく、相談の窓口というのは、支援される人／する人、の立場性が顕著であるため、支援される人にとっては、情報は人質のようなものである。寄り添い型の支援の難しさは、寄り添おうとすることで得ようとする情報の量が増え、結果必要ない情報を身ぐるみはがすように吐き出させてしまうことだ。寄り添おうと思えば思うほど、私たちは相手のことを「知りたくなる」。クライアントへの興味はこの仕事においては必要なものであるし、「知る必要のないこと」に敢えて脱線することも時に必要ではあるが、「知ること」の暴力性、つまり他人のストーリーにズカズカと土足で入り込むような側面を持っていることに自覚的でなければならない。

本日のスーパーバイズメモ

・まずは、本人が一番困っていることを聞くことが大事。クライアントへの興味は必要だが、あれもこれもと質問攻めにしたり、アセスメントシートを埋めることに必死になって、尋問のような聞き取りをしない。

・情報には、ストーリーが付随する。単なる情報ではなく、大事なものとして取り扱う。また、権力差をもって「話させる」ことがある程度可能になってしまう現場なため、十分に注意する。

・情報は、関係性を深める中で徐々に集めても良い。その際、タイミングを逃さないようにすることも肝要である。サトシさんは、社労士という自身の強みでそれを実践でき、結果としてそこから非常に良い聞き取りができるようになっている。

3　主訴はなに？

ある日の昼下がり、私はミナさんから質問を受けていた。ミナさんは「主訴の多い相談者」であるハタナカさんの対応をしていたが、困り果てて私のところに相談にきた。ミナさんいわく、訴えが多くてどうしたらよいかわからないという。はじめは、納税関係部署の対応が悪いのでなんとかしてほしいと怒り、ミナさんとしては「そんなこと言われても……」と思ったらしい。そこからそもそもの税金の高さや使い道に怒りがシフトし、自治体の長へと話はうつったかと思えば、奨学金の制度についてどのように感じるか、とミナさんに詰め寄った。ちなみにハタナカさんは、週五日、派遣労働で倉庫作業に携わっていた。有名大学を卒業し、大手食品メーカーに就職したが人間関係を理由として退職。以降、正職員の仕事が決まらずにいた。唯一の楽しみはYouTube鑑賞。特段お金がかかる趣味があるわけでなかった。今回相談にきたのは、かつて派遣の契約終了から次の契約までの時間が少し空いてしまい、その間、住民税の支払いの通知を「見ないふり」したことに由来した。そして今現在も、次の派遣契約が決まらずにいた。

ミナさん：「市長に手紙を書きたいとか、国を訴えたいとか、かつての就労先のリーダーを訴えたいとか、税滞納で困っているとか、正社員の仕事をしたいとか、色々と言っていて。就労の話が出たので、じゃあ探しましょう、どんな仕事を希望されますか？　と聞いてみたんですけど、また納税部署の話に戻っちゃうんです。他責傾向も強いし、一体どうしたら良いのでしょうか」

私：「彼はミナさんに何を伝えたいんだろうね」

ミナさん：「それがわからないから聞いているんです」

私：「まあ、そうイラつかないで。あなたは今なぜイラついたの？」

ミナさん：「教えてほしいことを教えてもらえなかったから。お客さんだって待たせているのに」

私：「うん。じゃあ、あなたは何を教えてほしいの？」

ミナさん：「どうしたらよいか教えてほしいんです」

私：「あなたは、どうしたら良いと思うの？　ハタナカさんはあなたのお客さんで、あなたが責任を持って支援方針を立てるのでしょう？　だとしたら、あなたがハタナカさんをどのように見立てて、ハタナカさんのニーズは何かという事を想像し、そのニーズに対して、こうしたいがどうか、というふうに聞いてもらわないと答えようがないよ」

ミナさんは黙ってしまった。私はいささか意地悪な事をした。彼女のわからなさや焦りを知っていながらなお、彼女自身を鏡の前に引きずり出し、突き放しているのだから。もちろん、私だって、右も左もわからない新人にはこんなことはしない。ミナさんは、支援員になって一年が過ぎようとしている。情報をとってきて、私の前に広げ、足りていない情報を指摘してもらい、またクライアントのもとに走り、また持ってきては「どうしたらいいですか」という段階から次に進むべき時期にきていたし、私は彼女の持つ力に信頼を置いていた。

しかし、クライアントをこれ以上待たせるわけにはいかない。私は今にも泣きそうなミナさんに、「まずはハタナカさんの言葉をしっかりと聴きなさい。まとまっていなくても、主訴が散らばっていてもいいから、しっかり聴きなさい。アドバイスはしなくていい。しっかりと聴いて、自分が彼の立場だったらどう感じるかということを味わって、助言ではなく感想を伝えなさい」と指示を出した。これを忠実にやってのけるのが、ミナさんの持つ力のひとつで、彼女は一時間半ハタナカさんの話を聞き続けた。長時間の面談については、賛否が分かれるところではあるが、このケースの場合は、それが功を奏した。ハタナカさんはひとしきり話して疲れてきたのか、少しだけ話と話の間が途切れるようになってきていた。ミナさんは相槌を打って聴いていたが、ハタナカさんが一呼吸おいたところで、絞り出すように「感想」を伝えた。

ミナさん：「私はハタナカさんのような事を体験したわけではないのですが、理不尽なことがたくさんあったみたいで、とても辛かったと思います。大変な思いをされましたね」

この一言が、ハタナカさんにヒットした。パッと顔を上げて「わかる？　あんたわかる？　全部自業自得ってわかっているけど。わかってるけど、みんな寄ってたかって俺を排除しているような気持ちになる」と言った。

ハタナカさんの第一ニーズは、「辛い思いをしてきたその思いを、例え本当に自分自身の身から出た錆だったとしても受け止めてほしい」ということだった。それは、怒りの形をとり、他を責めることで自分を守るような類のものでもあった。訴える云々は重要ではなく、それだけ怒っており、自信のなさの裏返しでもあった。ミナさんは、続けて感想を述べた。「私は自業自得だとは思いませんよ。たとえ、ハタナカさんがどこかで何か道を誤っていたとしても、だからといって苦しんで良いということでもないと思います」

私はミナさんのこの力を信じて、意地悪を言った。とても朴訥としていて、なおかつ公正な視点を体得している彼女のこの力を。ハタナカさんは、その後もグルグルと怒りに囚われたが、ミナさんは、彼の主訴の一覧を作り、提示し、一緒に取りかかれるところから一つずつクリアしていくことを提案した。納税関係の部署にも同行し、先方の職員とハタナカさんの間に生じる摩擦の解消に努めた。

納税関係部署職員：「お仕事はいつ始める予定ですか?」

ハタナカさん　：（怒りに満ちた表情で下を向き）「まだ決まっていないです」

ミナさん　　　：「うちの窓口で一緒に活動することになっています。これまでもほとんど空きなくお仕事をされてきているのは、ハタナカさんのウリですから。決まったらご報告して再度分割納付の相談をさせてもらいたいんですが」

納税関係部署職員：「そうでしたか。ずっと働いてきたのに、大変でしたね。収めなくてよいとは言えませんが、少し待って負担のないペースで支払っていただくように計画を作ってみますね。就活頑張ってくださいね」

うつむいていたハタナカさんは、ここで初めて顔を上げた。

私は甘いカフェラテをいれ、同行を終えて戻ったミナさんを出迎えた。他者の話を真剣に聞くというのは実に疲れることだから。

私　　　：「お疲れ」

ミナさん：「はい」

ミナさんは疲れてもいるが怒っているようでもあった。

私　　　：「怒ってるの？」

ミナさんは無言になったあとこう言った。

ミナさん：「どうしてすぐに教えてくれなかったんですか？」

私　　　：「自分が欲しているものを打ち返してもらえないと腹がたつよね」

ミナさん：「はい。意地悪だなと思いました」

私　　：「言うねえ。ミナさんは、ハタナカさんの主訴がわからなくて困っていたんだよね。でもハタナカさんは一生懸命訴え続けていた。投げたものをきちんと受け取って、応答してもらえるかわからないまま訴え続けた。本当に伝えたいものは何かを隠したままではあったけど。そのもどかしさは、ミナさんが私にたいして感じた苛立ちと同じじゃないかしら。表現が違うだけで」

ミナさん：「でも、私は明確にこれが知りたいと言いました。ハタナカさんとは違います」

私　　：「そうだね。それは、私とミナさんの関係性がある程度安定しているから言えたことでしょう？　鬼みたいな人だと噂されるような新しい上司とかに対してだったらどうかしら」

ミナさん：「ちょっと様子をうかがいます」

私　　：「だよね。ちょっとずつ害のなさそうなボールを投げてみて、反応を見ながら合わせていくでしょう？　ハタナカさんも同じよ。敵か味方かもわからないミナさんを目の前にして、ちょっと乱暴なボールを投げてみた。虐待を受けた子どもの試し行動にも少し似ているかもね。あとそれからね、これは福祉に限ったことではないけれど、ある程度わかってきたら、どうしたらよいですかという聞き方はよろしくないよね。自分では状況をこのように解釈した、それに対して、このように考えているがそれでよろしいか、と持ってこないと自分で仕事をしているとは言えなくなっちゃうからね。どうしたらよいでしょうか、をやり続けているとミナさん自身がもっている力が伸びなくなちゃうし、私との妙な依存関係ができあがってしまうね。一応、助言はしたつもりだけどやってみてどうたった？」

ミナさん：「まずは聴けってやつですか？　疲れました」

なかなかしぶとい。まだ腹が立っているようだ。

私　　：「だよね。人の話を真剣に聴くって疲れるよね。でも粘り強く聴いてたよね」

ミナさん：「だって聴けって言われたから」

私　　：「聴けって言われなくても聴いて（笑）。この仕事を目指す人は基本優しい人が多いから、訴えがあると、それをなんとかしたいと思っちゃう。その気持ちはすごく大事。一方で、解決策が浮かぶようになってくると即座に解決策を提示したくなって、クライアントが全身から発している主訴に気が回らなくなることがある。もっかい聞くね、ハタナカさんの話を聴きながらどんなことを感じた？」

ミナさん：「よくしゃべるなあ、って。ハタナカさんって、痩せていて弱々しい感じなのに、このエネルギーはどこから出てくるんだろうって。聴いているうちに、何にそんなに怒っているんだろう、と思いました」

私　　：「うんうん。それで？」

ミナさん：「何に、じゃなくてすべてに、だと気づきました。話がループするので、その間、彼が歩んできた人生のどこにそんな怒りが生まれたんだろうって思い、怒りの根源探しをしていました」

私：「見つかった？　根源」

ミナさん：「幼少期のこととかはわからないのでなんとも言えないですが、きっかけは一社目での挫折だったんじゃないかな、と感じました。そのあとのうまくいかない感が半端ない。何があったんだろう、って気になりました。それまで順風満帆な経歴なので、自己イメージの受け入れが難しくなった気もしました」

私：「正解かもしれないし正解じゃないかもしれないけれど、そう感じたのね。で、どう思った？」

ミナさん：「自分が高校生の頃、付き合っていた人と別れた時のことを思い出しました」

私：「それはまたどうして？」

ミナさん：「成績が下がったんです。親からも成績が下がったってうるさく言われて、飼っていたミニチュアダックスまでもが私のことをバカにしてくるような気がしたんです」

私：「まあ、うちのポメラニアンは私のこと完全にバカにしてるけどね（笑）」

ミナさん：「ダックス、夢ちゃんっていう子なんですが、決して私のことをバカにするような子ではないのに、そう見えた。私、夢にまでバカにされてるって。彼氏もいない、勉強もできない、犬にまでバカにされる。皆が敵に見えた。もしかしたらハタナカさんも、そんな感じなのかなって。理由はどうあれ、そういう気持ちなのかなって」

私　　　：「それでああやって感想を彼に伝えたのね」
ミナさん：「はい」
私　　　：「結果的に、ハタナカさんが求めていたのはそこだったんだろうね」
ミナさん：「気づいてたんですか？」
私　　　：「割と」
ミナさん：「やっぱ意地悪だ」
私　　　：「へへ」
ミナさん：「今のむかつきます」
私　　　：「へへへ」
ミナさん：「うわ」
私　　　：「でも、これ、はじめから言っちゃったらあんなに真剣に聴けなくなるからさ。訴えひとつひとつではなく、全体の空気感じてほしかったんだよね。人によっては、主訴が明確で、それが本当の主訴とかけ離れていてもまずそこから始めるということが必要だけど、ハタナカさんみたいに主訴がはっきりしない場合、まずは安心して主訴を表せる場を提供しないとなんだよね」
ミナさん：「難しいですね」
私　　　：「難しいよ。だって、人間に関することなんだもん。私たちが、ありきたりの人間像しかもっていなかったら対応できないよ。ちなみにさ、ミナさんって、犬にまでバカにされているると感じた一件はどうやって乗り越えたの？」

ミナさん：「高校三年生になった時、父が私大でも学費を出せるようにお金をためてくれていたことを母から告げられました。父は、無口ですが、万が一の時は私大でもいいから思いっきり勝負してほしいと言ってくれていたことを知り、バカにしているわけではなくて、応援してくれているんだと感じました」

私：「夢ちゃんは？」

ミナさん：「寄り添ってくれました。もしかしたら、バカにされていたかもしれませんが、私自身も夢にバカにされていると感じて、卑屈な態度を取っていたのかもしれません」

私：「ハタナカさんと納税職員との関係もそうだといいね。バカにされている、追い詰められるというところから、応援してもらえているという気持ちが少しでも持てるといいんだけど」

ミナさん：「そうですね」

私：「私たちって、通訳というかアドボケイターの役割を担ってるんだよね。怒っていたり傷ついていたりする人は、他人の言葉に敏感になることがあるから、伝える方に意図がなくても、バカにされたと感じることもある。また、自分の思っていることや計画なんかをうまく伝えられないことがある。その時に、ちょっとだけ、後ろから支えるように、口添えするの。納税課でミナさんがやってくれたのは、そういうことだよね。昔ならさておき、今は、窓口業務で横柄な態度をとる職員はあまりいないし、状況がきちんとわかれば応援してくれる職員だって多いんだしね」

こうして、意地悪なスーパーバイズが終わった。その後の聞き取りで、ハタナカさんは、一社目で残業に耐えられなかったことから、ひどいいやがらせにあっていたことが判明した。怒りと攻撃性で覆い隠されていたが、不眠や落ち込みも顕著にあり、一社目での挫折以降、よくうつ状態のまま働き続けていたこともわかった。

今日のスーパーバイズメモ

・本当に言いたいことを言えないこともある。とっ散らかったような訴えの根底にながれる本人の思いを汲み取ること。もともと話をするのが苦手な人もいるが、困った状態に置かれると人間はなかなかいつものパフォーマンスを発揮できなくなる。また気持ち的に卑屈になってしまったり、防衛の意味で攻撃的になることもある。一挙手一投足に惑わされず、本人がなぜそのような状態になってしまっていて、どんな風に感じているのかということに思いを馳せてみよう。

・解決をあせるあまり、表明された主訴に飛び付かないこと。モグラたたきのようなことになりかねず、不毛な感じになる。それは、長期的にはクライアントの問題解決を遅らせてしまったり、クライアント自身の不安定さを助長することもある。

・自分で支援方針を立てる責任について考えること。支援の主体が自分であることを認識し、自分はこの人をどのように見立て、どのように支援するかということを描くこと。

・答えを求めるスタンスでは、いつまでたっても支援ができるようにはならない。私たちが向き合うのは、「解のない問題」である。私たち支援者が対象とするのは、他人の人生の一部という曖昧模糊かつ定式化できないものであり、解はクライアントとともに築くしかない。その化学反応のようなプロセスをしっかりと吟味すること。この人にはこれ、という定式化された支援であれば、ＡＩでも対処可能である。

第2章

とにかくひたすら頭を使うこと
——把握し、組み立てる

第1章では、主にインテイク時点でのつまずきを取り上げた。本当はもっとたくさんの「よくない面談」があるがそれは割愛しよう。なぜなら、「はじめに」で述べた通り、言いたいことはたった一つで、「本人の言葉に耳を傾ける」ために必要なことをやっていけばよいのだから、目の前のクライアントにとってどうなのかということに十分な思いを巡らせていけばよい。それが難しいのだけど。

1 「……で？」

アンドウさんはミナさん同様、この仕事をしてしばらくたち、情報をもらうことになれてきていた。彼は、とても感じよく、懇切丁寧であるので、基本的な情報を得ることに躓きはなかった。アセスメントシートも、とても自然な会話の流れでクライアントの負荷に配慮しつつ、かつ、もれなく埋めていた。そして、とても真面目なので、報告連絡相談は欠かさない。ある日、彼は三〇代女性であるゴトウさんの相談を受けていた。ゴトウさんは、直近までＩＴ関係の仕事についていたが、離職。請け負いの形で仕事をしていたため、雇用保険に加入しておらず、退職金等もない。

アンドウさん：「先程来た方の報告と相談をさせてください。名前はゴトウさんで三〇代の女性です。先月仕事をやめたそうです。職種はＩＴ関係です。請け負いの形で働いていて、雇用保険には入っていません。最終給料日は先月の一五日で手取りで三八万円でした。退職金はありません。自己都合退職です。健康状態としては、気持ちが落ち込むと言っています。親族関係の交流はなしです。就職を希望しています。希望する職種は人と接することがない仕事です」

うんうん、と聞いていたが、私はだんだんイライラしてきた。いつまで続くんだろうか。というかアセスメントシートを見せてもらえばわかることだ。うんうん、それで？　と尋ねるとアンドウさんはより一生懸命に聞き取ったことの詳細をのべた。夜寝る時間は二一時だそうです。猫を飼っています。私は再度、うんうん、それで？　と尋ねる。アンドウさんはまた詳細情報をたくさん披露してくれる。「職種にこだわりはないようです。貯金の金額がきけていませんが、カードでのキャッシングが三〇万円ほどあるので、ほとんど貯金はないと思います」。

私はさらに続ける。

私　　　　：「……で？」
アンドウさん：「はい？」
私　　　　：「で？」
アンドウさん：「す、すみません。なにか聞き洩らしていますか？　足りていない情報はありますか？」

私が「それで？」と「で？」以外言わないので、彼は「上司からオーケーサインがでない＝できていない」と解釈し、必死になって「情報が足りていないのかもしれない」という仮説をたてた。しかし、私が意図するところはそうではない。答えを言うことは簡単だが、ある程度仮説と検証をくり返しながら、自分で気づいてほしい。

私　　　　：「で、つまり？」
アンドウさん：「つまり？」
私　　　　：「そう、つまりゴトウさんはどういう状態なの？」
アンドウさん：「えっと、ＩＴ出身で、仕事がなくて、お金がなくて……」
私　　　　：「いや、それは聞いたよ。つまりは、アンドウさんは彼女になにが起こっていると考えるの？」
アンドウさん：「すみません、言っていることがよくわかりません」

私　　　　　　：「別に謝らなくてもいいけど、どうわからないの？」

アンドウさん：「僕は、ゴトウさんについて獲得した情報を全部山岸さんにわたしました。それが見立てに繋がるんじゃないんですか？」

私　　　　　　：「うん。見立てには繋がるけれど、見立てじゃないね。あなたのは情報の羅列であって見立てとは言えないね」

アンドウさん：「と、申しますと？」

私　　　　　　：「なんなんだよ、この問答（笑）。あのね、情報ってただの情報じゃない？　そこには意味があるんだよね。よくコップの水が半分残っているという例えがあるでしょう。コップに半分水が入っているというのが事実だよね。それについて、人の感じ方はそれぞれ。砂漠の中にいるとか、水道完備の場所にいるとか、ネガティブな気持ちの時であるとか、元々もったポジティブさであるとか体調とかによって、半分しか入っていない、になるか、半分も残っている、になるか、捉え方は異なるでしょ。同じ不採用でも一社目の不採用と一〇〇社目の不採用は違う。同じ猫飼いでも猫が心の支えになっているのか、金銭的な重荷になっているのかで猫という存在の意味付けが違う。まずは、それぞれの情報がその人にとってどのように意味するものなのかということだよね」

アンドウさん：「はい。なんとなくわかります」

私　　　　　　：「じゃあ、ゴトウさんを取り巻く状況の、彼女にとっての意味を一つ一つ確認していこうか。ゴトウさんは三〇代の女性だったね。家族はいるの？」
アンドウさん：「あ、はい。両親が遠方に住んでいるようです」
私　：「それを彼女はどのように語った？」
アンドウさん：「言いたくなさそうでした」
私　：「なんでだろう？」
アンドウさん：「わかりません」
私　：「考えられることは？」
アンドウさん：「関係が悪いか心配かけたくないか、だと思います」
私　：「どっちだと思う？」
アンドウさん：「わかりません。次来たらそれとなく聞いてみようと思います」
私　：「そうだね。こういったことが面談中にできると、その場で新たな質問ができるよね。それでもし、関係性が悪いのであれば何が何でも何とかしなきゃならないし、関係性は良くて、心配かけたくないということであれば、最後の最後には実家に帰るという選択肢も出てくるかもしれないね」
アンドウさん：「はい。他にはどんなことを考えたらよいでしょう」
私　：「足りない視点は補足するからまずは自分で考えな」
アンドウさんはトボトボと自席に戻って、アセスメントシートとにらめっこを始めた。そのとき、電話が鳴り、飛び付くようにアンドウさんが反応したので、私は即座に他の人に電話をとるよう指示を出した。人間は負荷をかけられると、躊躇する。その時に、これまでやってきたできること、が目の前に現れると、そちらに逃げたくなってしまう。でも、それをしていると、支援の力は一向につかないのだ。だいたい、アンドウさんは、普段はそんなに素早く電話に出ないのだから。三〇分後、私はアンドウさんに声をかけた。「どんなことを考えた？」

アンドウさん：「こんな風に考えたことがないので、吐きそうです」

私　：「ふうん。……で？」

アンドウさん：「鬼ですか？　鬼なんですか？　ええとええと。猫のことをしゃべる時は、すごく柔らかい表情になっていることを思い出しました。そういえば、猫のために仕事をやめたと言ったことを思いだしまして、ゴトウさんは猫のために働き、猫のために仕事をやめたんだと思いました。ＩＴってすごく過酷だって友達が言っていて、もしかしたら、猫の世話とかもきちんとできなくなるような働き方だったのかなと思いました。給与もそれなりに高いし。でも、この給与でも借金をしているということは、うまくお金が使えないのかなと思いました」

私　：「うん、いいね。アンドウさんは、ゴトウさんが猫を心の支えとして、猫のために仕事をしている女性だけど、何らかの原因で生活がうまくまわっていないと見立てたんだね。じゃあ、次にゴトウさんが来たときに聞くことは？」

アンドウさん：「うまくいっていない部分についてです。仕事のことがメインですが、他にもあるような気がしています」
私　　　　　：「そうだね。この人、どんな性格だろう？」
アンドウさん：「基本的には、優しい人だと思います。でも孤独な人。そういえば友達と呼べる人は猫だけだと言っていました」
私　　　　　：「猫は人じゃないけどね」
アンドウさん：「あと、努力家だと思います。僕が話したこととかメモに書いていたし、何度も何度も、自分がもっと頑張ればいいんですけど、と話していました。そういえば、ゴトウさんはいつから東京で一人で頑張っているんだろう？」
私　　　　　：「そうそう。どんどんいろんな疑問がわいてくるよね。次に聞けそうなら聞いてみてね」
アンドウさん：「はい。僕は地方出身ですが、東京に来て一人でやっていくってそこそこ大変なことだと思うんです。ましてや、性差別的かもしれませんが、女性が一人でやっていくとすると、なおさらなのかなと」
私　　　　　：「私も地方出身だからよくわかるよ。とにかくお金がないよね」
アンドウさん：「はい。孤独感も強くなります」
私　　　　　：「わかるわかる」
アンドウさん：「……」

私　　　　：「どした？」

アンドウさん：「見立てをしたら、ゴトウさんの印象が変わりました」

私　　　　：「どんな風に？」

アンドウさん：「ただ仕事で困っている女性ととらえていて、大変だなくらいのことは思いましたが、それだけのこと、と。なんていうか、淡泊っていうか。だから仕事だけ紹介すればよいかって思ってました。でも、こうやって、それぞれの出来事がゴトウさんにとってどういう意味を持っているのかということを考えた時、東京に出てきて、猫と共に一生懸命生きてきた人という風に感じて、なんか強いなというかすごいなというか、そんな気持ちになりました。あと、猫の名前を知りたくなりました」

私　　　　：「是非猫の名前を聞いてみて。彼女が大切にしているものを、私たちも大切に思わないとね」

アンドウさん：「はい」

そうして、アンドウさんは次の面談を迎えた。

アンドウさん：「こんにちは。来ていただきありがとうございます。ゴトウさん、その後体調とか変わりないですか？」

ゴトウさん　：「はい。話を聞いていただけて少しホッとして、この間の夜は久しぶりにゆっくりと眠れました」
アンドウさん：「それはよかったです。猫ちゃんもお元気ですか？」
ここで、ゴトウさんの顔がパーっと明るくなった。
ゴトウさん　：「はい。お陰さまで。寒くなってきたので、布団に入ってきて寝ているんです」
アンドウさん：「かわいいですね」
ゴトウさん　：「かわいいです」
アンドウさん：「名前はなんて言うんですか？」
ゴトウさん　：「チャタロウです」
アンドウさん：「チャタロウ君ですか。チャタロウ君もゴトウさんと一緒に寝るとあったかいんでしょうね」
ゴトウさん　：「そうなんですよ。向こうはあたたまりに来ているはずですが、こっちもあったかいんですよね。冬季限定の猫布団です」
アンドウさん：「羽毛布団を超えますね」
ゴトウさんは、少しクスクスと笑ったあと、突然暗い表情になった。

アンドウさん：「どうしました？」

ゴトウさん　：「去年、チャタロウは死にかけたんです。私、二〇連勤でどうしても帰れなくて。こっちに友達がいるわけじゃないし、どうしようもなくて。覚悟して帰宅したら、ガリガリに痩せたチャタロウがふらふらと玄関まで出てきて、そのとき仕事をやめようと思いました。すぐに病院につれていったんですが、動物用の医療保険に入っていなかったので治療費がかさみ、カードのキャッシングで借りてしまいました。失業した時の給与は確かにそこそこ高かったんですけど、請け負いで案件ごとに報酬が発生するので、少ないときは五万円とかしかなくて、貯金ができなかったんです」

アンドウさん：「そうでしたか。それは大変でしたね。実はあのあと、上司と話をしたんですが、僕も上司も地方出身で、地方から出てきて、一人で東京でやっていくってなんだかんだ大変だよね、という話になったんです。ゴトウさんも色々としんどい思いをされてきたんじゃないのかなって」

ゴトウさんはここでしくしくと泣き出した。ゴトウさんの両親は健在で、ゴトウさんが東京でしっかりと生活していると思って、ご近所さんにも話をしたりして、羨ましがられているようだった。

ゴトウさん　：「はじめは、ちょっとした公的機関のプロジェクトにちょっとだけかかわったのを親に話したんです。そうしたら、ものすごく喜んで、電話をするたびに次はどんな仕事だ？　と聞いてくるようになったんです。で、うちの娘は国の仕事をしてる、と近所の人に自慢しているみたいで、違うよって何回言っても入らなくて。私も面倒くささと、願望と、見栄みたいなもので、昇進したよ、とか、次のプロジェクトはもっと大きいかも、とか話を盛るようになっていって、ついには仕事忙しくなるからしばらく連絡できないよ、と連絡を断ちました。三年前くらいです。その時に、チャタロウを拾ったんです」

アンドウさん：「そうでしたか。ちょっとわかります。僕も親には精一杯、順調だよ、一人前になったよって見せてます。実際はまだまだで、さっきも上司が鬼化してたんですけどね」

鬼化とは聞き捨てならないが、部分的とはいえ、アンドウさんが、ゴトウさんが上京してから職を失うまでの経過を、地方から一人で出てきて苦労してきた、と見立てたことで、少しだけ話が深まった。そして新しい情報も出てきた。チャタロウを入り口として、その見立てで間違い無いか、を本人に提示しながら、新たな情報を得て見立てを強化してゆく。このとっかかりの見立てができないと、相談は深まっていかず、相手が話した断片的な情報にのみ反応する支援になってしまう。

ゴトウさんは、何の仕事でもいい、と言っていたが、そんなはずはない。チャタロウの世話をきちんとしたい、親を安心させたい、という思いが彼女の中心にあるからには、そこを職探しの基本としてよいはずだ。アンドウさんもそのことに気づいた。

アンドウさん：「この間、警備の仕事の求人をもってらっしゃいましたね」
ゴトウさん　：「はい。すぐに入れるっていう求人があったので」
アンドウさん：「警備もいろいろ種類があるのはご存知ですか？」
ゴトウさん　：「いえ。ＩＴ以外は全然疎くて」
アンドウさん：「まずは、施設警備の日勤帯求人を狙ってみませんか？　そうしたら、チャタロウ君といられる時間も安定するように思うのですが」

こうして、二人は日勤帯の警備の仕事を探しはじめた。チャタロウ君と親御さんという二つの柱を中心にして、彼女がたどり着いたのは学校警備で、日勤帯の仕事だった。アンドウさんと求人を見る中で、ゴトウさんは、「昔は保育園の先生を目指すほど子どもが好きだった」という、自分でも忘れかけていた「好きなもの」を思い出した。また、中学の卒業文集で保育園の先生を目指したいという彼女の記述を見た親御さんは、「いいね、ぴったりだね。なれるといいね」と言っていたという話もしてくれた。親御さんとともに描いた夢に近いところを探り、ゴトウさんは学校警備の仕事についた。初回給与までのつなぎとして、食料を届けにいったアンドウさんは、玄関でインターフォンを鳴らした。はーい、という声とともに、にゃーんという声が聞こえてきた。ゴトウさんが溺愛しているチャタロウは、そのかわいらしいネーミングとは似ても似つかぬ「小型ライオン」のようないでたちで、安藤さんはブルっと震えて、足早に辞去してきた。

本日のスーパーバイズメモ

・情報だけでは、アセスメントとして成り立たない。情報には、意味がある。クライアントにとっての意味がどのようなものであるかを想像するために、私たちはさらなる情報を求め、話を聞く。失業したという淡泊なストーリーではなく、その失業の持つ意味、クライアントが生きる世界における意味を探り、見立てていくことがアセスメントである。クライアントの思想、信条、生きてきた過程、好きなもの、嫌いなもの、つらいと感じることなど、様々な情報があればあるほど、鮮やかに彩られた人物像が浮かび上がってくる。その情報と人物像をもって、今まさにその人に何が起こっているかということをとらえることが「外さない支援」の第一歩となる。

・私たちは、状況を「認知」し、「理解」する。理解のフレームは、経験知に基づくものもあれば、専門知に基づくものもある。例えば、今回のケースでは、ＩＴは過酷だという「理解」はアンドウさんが、「友人から聞いた」という経験知に基づいている。このように、支援において、私たち支援者自身がどのようなフレームを使用して「理解するか」という点でも多様性に富んでいる。特に福祉の勉強をしたわけでもない年配の相談員が味のある支援をやってのけるのは、この経験知の幅が広いからということもできよう。

2　寄り添い転じてパターナリズムと化す

　コウスケさんは、僕は寄り添い支援をしたいです、と言って支援の現場に飛び込んだ熱意ある男性だ。僕一緒に行きますよ‼　が口癖の爽やか体育会系。年金事務所、ハローワーク、面接、病院、労働基準監督署、法テラス……彼はひたすら利用者さんについて回った。彼もまた、前職は福祉ではないので、まずはそうやって覚えていくのもよかろう、と思っていた。しばらくして、これまで頻繁にきていたクラタさんが顔を出さなくなり、一か月音信が途絶えた。最後に面談をした時、コウスケさんとクラタさんは、債務整理の話をしており、次は法テラスに一緒に行くことになっているようだった。代わりに、キヨミさんという若い女性が頻繁に窓口にくるようになった。キヨミさんは、経済的にはさほど困窮していなかったが、自宅で両親と生活しており、精神的な不安定さにより、就労活動がなかなか進まなくなっていた。彼女は窓口にきては、コウスケさんに、「今度病院に行こうと思うんです」「今度障害者手帳を取ろうと思うんです」「今度派遣の登録に行こうと思うんです」と述べたが、結局のところ通院以外の支援は何も進まずにいたし、状態はどんどん悪くなっているように見えた。

　ある日、コウスケさんは熱を出して仕事を休んだ。その日、キヨミさんに同行する予定が入っていたため、私はキヨミさんに電話を入れ、急な予定変更を詫びた後、一人で行けそうなら行ってもらう、私が同行する、どちらも難しければ再調整するという三つの案を提示した。キヨミさんはなにも答えない。「キヨミさん？　聞こえてます？」と訊ねるとか細い声で、はい、と返答があった後、絞り出すように訊ねてきた。

キヨミさん：「コウスケさんはもう一緒には来てくれないんですか？」

いかん。これは、支援関係ではなくて依存関係じゃないか。そう思った私はレタッチするよい機会だと思い、二者関係に割り込む意図をもって、「じゃあ、今日は私と一緒に行きましょう。コウスケはただの体調不良だから、一緒に行きたくないから休んでるっていうわけではないんです。でも、ごめんなさい、こちらのスタッフの都合で、キヨミさんの手続き関係が遅れるのは心苦しいので、今日のところは私が行くってことで勘弁してもらえませんか？」と持ち掛けた。キヨミさんは渋々、はい、と言ってくれた。私は道中、キヨミさんをこちらに引き付けるための、最大限の工夫をした。コウスケさんにかかわること以外では彼女の表情を読んでは望む言葉を送り続けた。異性よりも、同性の方が、引き付けるのにはエネルギーがいる。わかる分だけわからないという難しさが同性にはあるし、何となくマウントをとりたくなってしまうこともあるだろう。虚勢も。こちらにそのつもりがなくても、相手がそういう気持ちになってしまうことも十分に起こりうる。とくに、キヨミさんは、父親から「女だからって働かなくていいと思うな」と厳しく言われ、ことあるごとに「近所の〇〇さんのお嬢さんは立派に働いている」という言葉を投げかけられてきた。そのキヨミさんにとって、私の存在がどう映るか考えたとき、細心の注意が必要だった。人間は、近い立場に置かれていると、安堵し、わかりあえる部分も多いが、比較することも増えてしまう。とにかく、全神経を集中させて、キヨミさんに接した。キヨミさんは、別れ際「ああよかった。今日来てよかった。ありがとうございます」と言ったので、「でしょ。たまには違う人間もいいもんでしょ」と言ってニヤリと笑って見せた。キヨミさんは「ぐふふ」と謎の笑い声をあげて、「じゃあ」と帰っていった。

コウスケさんが復活してきた後、キヨミさんが来所した。キヨミさんは、「こんにちは」とコウスケさんに言ったあと、私に向かって「こんにちは〜この間はどうもです」と声をかけてきた。私も「こちらこそどうもです。結構楽しかったですね」と声をかけるとキヨミさんも「楽しかったし、なんかラクでした」と口にした。キヨミさんが帰ったあと、コウスケさんは、明らかに不機嫌になった。

コウスケさん：「せっかくキヨミさんと信頼関係を築いていたのに、割り込むようなことをしないでください」

随分はっきりとものを言う子だ、と苦笑しつつ、振り返りのよい機会だと思い、話をすることとした。

私　　　　：「まるで、男女間のもつれみたいな言い方だねえ。どうしたよ」
コウスケさん：「キヨミさんが、僕が同行してくれるなら病院に行くっていうから、通院につながって、診断も受けられたんです。それを途中から手柄をかっさらうような感じで入ってきてなんなんですか」

私：「そっか。そう感じたんだね。でも、コウスケさんが熱を出した。代わりに私が同行した。それだけのことよ。別に買収したわけでもないし、チームで仕事をする上では、当たり前のことだと思うけど？」

コウスケさん：「そうなんですけど……そうなんですけど。キヨミさんは僕だから調子がいい、僕じゃないとダメだって言うし、僕もキヨミさんは僕だから面倒見られていると思っています。そこに入ってきたら、なんか変じゃないですか」

私：「たしかに、この仕事は人次第だから、コウスケさんじゃないとダメっていうのも大事だよね。でもどうしてそんなに感情的になるの？　ほかの人でも大丈夫というのは、実は喜ばしいことなんじゃないの？　それとも、キヨミさんがべったりになってしまって、コウスケさんがいないと何もできなくなってしまった方が良い？それって、誰のための支援？」

コウスケさんは、それからしばらくふてくされていたが、それよりも私はクラタさんのことが気になっていた。

私：「クラタさん、最近来ないね？　連絡取れてる？」

コウスケさん：「いえ。電話をしても出ないです」

私：「大丈夫なの？　クラタさんって、失業したことを奥さんに言えなくて、債務いっぱいになって、奥さんとお子さんが実家に帰っちゃってるんだよね？　しかも、離婚届が届いたっていってなかったっけ？」

コウスケさん：「さあ、大丈夫なんじゃないですか。連絡してこないってことは、僕の助けは必要ないってことなんだと思うし」

――出た。

「連絡してこないのは、大丈夫だからだ。助けは必要ないからだ」

この言葉を、現場で何回聞いてきたことだろうか。

私　　　　　：「ちょちょちょちょ。ちょっと待たれーい！！！」

コウスケさん：「え?!　ナンスか。怖いんですけど」

私　　　　　：「そりゃそうよ。あなたこれまでクラタさんの何に寄り添ってきたの？」

コウスケさん：「いろいろなところに同行してきましたよ。でも、ぱったりと来なくなって。僕に対する裏切りみたいなもんじゃないですか」

私　　　　　：「そうね。確かに傷つくよね。支援者だって人間だもの」

コウスケさん：「そうですよ」

私　　　　　：「じゃあ、ヤスオさんの話をしてあげようか」

コウスケさん：「誰っすか？」

私　　　　　：「ヤスオさんは、私が昔担当して就労を支援した元ホームレスのおじさん。私もまだ若かったし、それこそ同行たくさんして、信頼関係築けたって思ってたのよね。生活保護を受けていたけれど、就職先も決まって、働き始めて、一人現場だし様子見に来ても大丈夫っていうから、週二日くらい見に行って、励まして、ってやってたのに、ある時突然いなくなったんだよね。電話しても出なくて。理由がさっぱりわかんなかったんだよ。保護費の支給日にいなくなる人はたまにいるけど、支給日直前に失踪ってあんまりなくて。そりゃ一生懸命支援したから、裏切られた気持ちになったよねえ」

コウスケさんは、それ見たことかと鼻の孔を膨らませてまくしたてる。

コウスケさん：「ほらね。やっぱりあるんじゃないですかそういうこと。どっかで楽しく暮らしてますよきっと」

私　　　　　：「それがさ、戻ってきたんだよね。救急病院に搬送されて、再度保護がかかった。原因は自殺未遂」

コウスケさん：「……」

私　　　　　：「お見舞いに行ったらね、失踪した理由を教えてくれたんだよ。失踪する前日に、通勤用の自転車がほしいって、担当のケースワーカーに相談してたんだよね。私もそこに同席していた。担当のワーカーさんはとっても良い人で、あと二週間ほど仕事が続けられたら、買えるようにしましょうね、って言ってくれていたんだけど、そこでヤスオさんがすぐ買えないことに対して腹をたてたわけね。でも、これまで二週間以内に離職っていうのを繰り返している人だから、ワーカーさんが言うことももっともじゃない？　今回は大丈夫なのに、みたいなことをポンと言ったのね。でもそれだけのことだった。まさかそれが自殺の引き金？　信頼してもらえなかったことに対する苦しさが自殺に？　と思ったんだけど、彼が言っていたのは違っていて。こうやって言うんだよ。あの日、俺ケースワーカーと喧嘩したでしょ？　って。喧嘩なの？　あれ、喧嘩だったの？　ってびっくりしたんだよね。うそでしょ、そんな風に感じてたの？　って。喧嘩してしまって、顔向けができないって思って、でもホームレスに戻るのも疲れたしってことで、給与の残りでお酒しこたま飲んで、外で寝たらしいんだよね。真冬に。でも、人通りがあるところだったので、発見が早かったみたい」

コウスケさん：「……」

私：「私その時ね、人って難しいなって思ったんだよね。わかったつもりになってた。同行すると、その人に違う面が見られるでしょ？　だから、いろいろな側面を知るきっかけにはなるよね。情報もたくさん得られる。でも、同行っていう行為だけではなくて、そこで得られる関係性や、そこから得られる情報をもって、その人を理解しようとしないと、寄り添ったことにならないってことを教えてくれたのがヤスオさんなんだよね。しかもさ、人が人を理解するなんて、ほとんど無理じゃん？　だから、飽くなき探求というか、ずっと理解し続けようとしないといけないいんだよね。まさか、あんなユルいやり取りが、喧嘩だなんて、理解しがたいでしょ？　でも、ヤスオさんは、意見の相違があったり、自分の思いを押し殺したときに、「喧嘩をした」と感じるタイプの人なんだということを、私はわからなかったし、次似たようなことがあったときに、わかる自信もない。だから、一生懸命わかろうと努力するしかないんだよね」

コウスケさん：「はい。難しいですね……で、クラタさんのことですよね」

私　　　　　：「そうクラタさんのこと」

コウスケさん：「自殺未遂の話を聞いたら怖くなってきました」

私　　　　　：「でしょ」

コウスケさん：「実は少し思い当たる節がありまして。最後の面談の時」

私　　　　　：「何？」

コウスケさん：「債務整理の話をするために、法テラスに行こうって言ったときに、宙を見て、はあ〜ってため息をついたんです。ついに自己破産か……ってつぶやいたんですが、僕は、早く日程を決めてしまいたくて、スルーしました」

私　　　　　：「それ、スルーしちゃダメなやつ」

コウスケさん：「ですよね……どうしよう」
私　：「人と人だからな。そういうこともあるよ。ダメなことをしたときはどうすんの？」
コウスケさん：「……謝る？」
私　：「そうだね。電話に出ないのであれば、手紙を書いてごらんよ」
コウスケさん：「そうします」
私　：「書き始める前に、まずは、クラタさんの気持ちを想像してみようよ。クラタさんは、同行中っていつもどんな感じだった？」
コウスケさん：「腰が低い感じです。いつも僕をたててくれて、すみませんすみません、と繰り返していて、いいオッサンなのに、こうやってついてきてもらって恥ずかしい限りです、って言ってました。あと、電車に乗るときに、『息子がね、ロマンスカーに乗りたいってせがんだことがありましてね、その時は仕事が忙しくて連れて行ってやれなかったんです』って言ってたな。『結局会社にも裏切られたし、あの時無理してでもロマンスカーに乗せてやればよかった』って。仕事人間だったっぽいですが、子煩悩なお父さんだと思いました」
私　：「あとは？」
コウスケさん：「あとは……ドラマとかでよく見る朝スーツを着ていってきますって言って公園で時間つぶす失業者のことを話してました。自虐みたいな感じで笑いながら、『あれね、本当にああなんですよ』って。『はじめは次の仕事が決まるまでの間って思っていたのが、長くなっていって、給料だよって、預貯金おろして手渡して、会社の都合で手渡しになったんだ、って嘘ついて、嘘で塗り固めていった』って」

私：「よく聞き取れているね」

コウスケさん：「でも聞き取ったことを活かした対応ができていませんでした」

私：「良いところに気づいたね。せっかくクライアントが吐き出してくれた情報は、宝物として扱え。隙あらばそれを活かすくらいの姿勢でね。で、今はどう？」

コウスケさん：「嘘がポロポロとはがれていって、どうにも苦しくなってきて、手の間からいろいろな物が滑り落ちていく焦り感。その矢先に督促状」

私：「文学的な表現だね」

コウスケさん：「あの、はぁ〜、にもっと思いを寄せるべきでした。ついに来るところまで来てしまった。落ちるところまで落ちてしまった、と感じたんじゃないでしょうか。はぁ〜」

私：「だと思う」

コウスケさん：「すみませんでした」

私：「私じゃない。謝る相手」

コウスケさん：「そうでした」

コウスケさんは、そこから、練りに練った一枚の手紙を出した。内容は、体調を気遣う言葉、そして、大変でつらい気持ちを置き去りにしてしまったことへの謝罪、ここまで人生を駆け抜けてきたことへのねぎらい。

手紙を出してから、一か月が過ぎたころ。「手紙ありがとうございました。ようやく気持ちの整理がつきました。法テラスに一緒に行ってもらえますか？」とクラタさんがやってきた。クラタさんには、やはりここに至るまでの人生を振り返り、自己破産に踏み切り、次の人生に踏み出すための時間と、その時間に付き合ってくれる人が必要だったのだ。

クラタさん：「もう来ないつもりだったんですよ。なんかあれよあれよと手続きが進んでいって、ありがたい反面、気持ちがついていかなかったのと、自分よりもずいぶんと年下の、まだキラキラした感じの青年に助けられている情けなさで。でも手紙をいただいて、こんな風に自分のことを心配してくれているんだと思ったら、少し違ってきましてね。あと、手紙の最後に、これまでの生き方について、ねぎらってくれていましたでしょう？　あれ、うれしかったなぁ。だって家族のために働いてきたのに、家族もいなくなっちゃって、私の人生いったい何だったんだろう、終わらせてしまおうかって思っていたところでしたから」

こうして、また、クラタさんとコウスケさんの二人三脚が始まった。しかし、コウスケさんのスタンスは少し変わっていった。「あそこらへんの道は、クラタさんの方がお詳しいでしょうから、私は今回は同行しませんね」「ここまで来たら、クラタさんでしたら、ご自身で手続きできると思いますので、私は余計な手出しはしないでおきますね」「よく考えたら事務的なことは、私よりもクラタさんの方が大先輩じゃないですか（笑）」などと口にし、手伝うべきことを選べるようになっているようだった。

私：「クラタさんとのかかわり、いいね」
コウスケさん：「あざす‼」
私：「前はもっとこう……」
コウスケさん：「うざい感じでしたよね。できることまでやってあげてしまって、かえって自信を無くさせてるような感じでした」
私：「そうそう。それってパターナリズムそのものだよね」
コウスケさん：「寄り添っている気になっていたのが恥ずかしいです」
私：「寄り添いは、細かい情報が得られる分だけ、齟齬も大きくなるから、より注意力が必要だよね。できること、できないこと、それを手伝うことで本人がどう感じるか、ということを理解するための情報は得やすくなるけれども、少しでも読み違えると、とたんに変な関係性になってしまう。課題が見えやすくなる分、引っ張りたくなってしまうというか。力を奪ってしまったり、依存度を高めてしまったりすることもあるね。見える分だけ歩調合せが難しいというか」
コウスケさん：「……」

私　　　　　：「どした？」
コウスケさん：「キヨミさんとの関係性についても考えてみたいんです」
私　　　　　：「そうだね」
コウスケさん：「ぶっちゃけ、彼女ができることも、やってしまっていました。で、意識的ではないですが、依存させていて、あなたじゃないとダメ、みたいな言葉に酔ってました。俺ちょっとキモい感じです」
私　　　　　：「そうだね」
コウスケさん：「マジっすか。きもいっすかやっぱり」
私　　　　　：「そうだね」
コウスケさん：「ひでぇ……」
私　　　　　：「この仕事してると、よくあることなんだよね。あなたでよかった、あなたじゃなきゃだめって、麻薬みたいな言葉だからさ。気持ちよくなるんだよね。で、そのうち、その気持ちを味わうための支援みたいになってしまったりする」
コウスケさん：「怖いっすね」
私　　　　　：「怖いし、修行っぽいよね。そういう言葉で気持ちよくなること自体は否定できないし、そう言ってもらえるような支援を心がけたいなと思うけれども、一方で、その言葉をもらうことを目的化しないというあたりが修行っぽい。興味を自分に向けずにることとって、結構難しいよね」

コウスケさん：「難しいです」

私　　　　　：「難しいよね。人間だもの」

コウスケさん：「今回二回目ですね。人間だもの」

私　　　　　：「いやいや、冗談抜きにさ、私たちも生きる主体だからね。いろんなことがあるじゃない？　自分に自信が持てなくなったりもするし、自分に自信が持てないような育ちをしていたりもする。仕事で失敗してへこんでいたりすることもあるしね。生ものだからね」

コウスケさん：「心得ます」

こうして、同行と寄り添いをめぐるコウスケさんの一件は落ち着いた。その後もたびたび、コウスケさんは「自分じゃないとダメ」の言葉をもらいたい誘惑にかられながらも、一生懸命、その時その時にその人が必要としている手助けや言葉を模索していった。

本日のスーパーバイズメモ

・寄り添い支援は同行支援と同義ではない。同行支援によって得られる情報をもってわかろうとするプロセスである。わかろうとする努力を放棄して、「わかったつもり」になったとき、クライアントのニーズや気持ちが置き去りになり、パターナリズムとなりうる。
・支援者もまた生きる主体である。褒められたい、認められたい、自分は特別な存在でありたい。そんな気持ちを持ちながら生活する主体である。それ自体は悪いことではない。しかし、それを追求することに気持ちが向いたとき、クライアント中心の支援は崩れてしまう。
・他が為とはいったい何なのか。そもそも、他者と自己とはどのような関係性なのか。支援をする上では、精神的な安定性の根底となる「自己」についての哲学的な思考もあると良い。

3　人間VS人工知能

相談支援の本質は、情報提供ではない。しかし、一方で、情報提供こそが仕事であると感じる人が一定数いる。こんなやり取りがあった。事例の主は、コズエさん。相談員歴五年で中堅層と言われる年齢に入ってきた。彼女は社会資源を頭に叩き込んでおり、クライアントの状況に合わせて、懇切丁寧に情報提供するということに長けていた。その正確性であるとか、かみ砕いて伝えるときの的確さはピカイチで、同僚からは歩く社会資源マップと呼ばれていた。あるとき、五〇代の女性メグミさんがやってきた。彼女は、八〇代の母と同居しているが、最近になり母が脳梗塞を発症し、老人保健施設に入所することとなった。月の支払いは一三万円程度。メグミさんは、事務の仕事をしており、給与は月手取りで二三万円。彼女の母は無年金で、収入はゼロだった。家は、月六万円の賃貸アパート。家賃と母の入所費用、水光熱費と通信費を支払うと、食費が全く残らないとのことで相談に至った。メグミさんのほかに、姉と弟がいるが、母の自由な性格のため他のきょうだいは実家には寄り付かない状態になっていた。数年前に、母が姉と弟に金の無心をしたことから、一切連絡を寄こすなと言われてしまっているという。

担当になったコズエさんは、丹念に聞き取りを行った。生活保護のほか、母の入所費用が安くなる方法、メグミさんの収入を上げる方法など、いくつかの対応策を検討した。生活保護についてはこのケースについては、適用にならない。老人保健施設の費用については、保険適用外の請求も含まれており、保護の基準に計上できないため、現行法では対応が難しい。母の入所費用が、メグミさんの収入をベースとした世帯収入を基準に設定されているため、苦肉の策として住民票上の世帯分離を提案したが、メグミさんは「ズルいことをしているようでやりたくないです」と断った。実際制度の趣旨に反するものでもあるのでこちらとしても積極的にはすすめがたい。無料低額老人保健施設も、あきがない状態だった。また、収入を上げる方法として、転職もしくは、ダブルワークの提案をしたが、五〇代という年齢であること、長年勤めてきている会社で、居心地が良いことを理由にのってこなかった。ダブルワークについては、メグミさんにも持病があること、平日は九時～一七時で働いていることから、体力的に難しく断念。コズエさんはここまで聞き取って次の言葉を発した。

コズエさん：「使える制度は何もないですね。うちでは何もできないです」

これはまずい。そう感じた私は、コズエさんを相談窓口から引き戻した。

私　　　　：「とりあえず、うちでは何もできないって言わないで」

コズエさん：「なんでですか？」

私　　　　：「理由は後で話す。使える制度はないと思いますが、大変な状況だとお察ししますので、一緒に考えていきましょうって伝えて」

コズエさん：「なんかよくわからないけど、わかりました」

少し乱暴だったが、私の脳裏には、二〇〇六年に発生した京都伏見介護殺人事件[1]がよみがえっていた。多くの状況は、最終的には生活保護でなんとかなることが多いが、本当にどうにもならないのが、この同一世帯の一人が介護施設に入った場合だ。本当にドン詰まる類の問題だ。絶対に一人で抱えさせてはいけない。

コズエさん：「メグミさん、帰られました。どういうことでしょう？」

私　：「お疲れ。いや、介護系のお金って本当にどうにもならないことが多いからさ。制度上どうにもならなくても、私たちができることはやらないとね」

コズエさん：「でも、使える制度がありません」

私　：「てか、私たちの相談窓口って、制度の案内係だっけ？　相談って制度の情報提供だっけ？」

コズエさん：「私はそう思っていました。今の世の中、情報を持っていることは強みです。それを提供するのが相談員の仕事だと思います」

私　：「確かに、その側面もあるよね。でもさ、情報って、今や人工知能でも提供してくれるよね。ヘイＳＩＲＩ、とかＯＫグーグル、とか言えば教えてもらえるじゃん？　人間が情報提供する意味ってどこにあるんだろうか？」

コズエさん：「高齢者とかだと、ネットとか使えないじゃないですか」

私　：「そうだね。コズエさんの普段の様子を見ていると、本当にその人その人に合わせた情報提供の仕方をしていて、情報がきちんと本人に届くように工夫されていて、感心するよ」

コズエさん：「ならＯＫってことですね？」

私　：「いや、ＯＫじゃない」

コズエさん：「何でですか？　何でダメ出ししてくるんですか」

よく思うのだが、支援者というのは、どうにも自分のやり方に疑義を示されると、反発心がわくようだ。確かに、この仕事は、個人のアイデンティティにべったりくっついている仕事だし、基本的には人のためという良い動機があるために、自分の行動を疑いにくくなる。しかし、支援者として伸びていくためには、他の視点を受け入れていくことが必要になる。クライアントが多面的な存在である以上、自分の目でだけ見るよりも、様々な視点が入ったほうが良い。

私　　　：「ダメ出しととらえないで。別にコズエさんの人格を否定しているわけでもないんだし。それにね。いつまでたっても支援に正解なんて言えるものはないんだから、現時点で『これでいい』って言ってしまったらこれ以上伸びなくなるよ」
コズエさん：「別に伸びなくてもいいですけど」
私　　　：「まあ、そう言わないで。コズエさんは、社会資源について詳しいよね」
コズエさん：「はい。一通り、頭に入っています」
私　　　：「すごいね。社会資源って何？」
コズエさん：「使える制度、機関です」
私　　　：「もう少し、広義にとらえようか。私たちが生きていく上で必要不可欠なもの」
コズエさん：「まあ、そうですね」
私　　　：「制度を使っている人も使っていない人も、困っている人もいない人も、みんな社会資源を使いながら生きているよね？」

コズエさん：「はい」

私　　　　：「困った状態というのは、社会資源を喪失してしまうことということもできる。例えば、お金という社会資源にアクセスするために、私たちは仕事をしているでしょう？」

コズエさん：「はい」

私　　　　：「仕事を失うと、お金という社会資源にアクセスできなくなってしまう。その時に、代替の社会資源にアクセスすることで、お金を得ることができる。それが、さっきコズエさんが言っていた使える制度、機関、だよね？失業保険とか、生活保護、とか。これらは、お金という必要資源に、仕事という方法以外でアクセスするための社会資源だよね。他にも、再就職という方法で、お金にアクセスすることができる。ここの部分をサポートするのが、就労支援だよね」

コズエさん：「そんな風に考えたことありませんでした」

私　　　　：「エコマップ書いてみようか。困る前と困ってる今の部分」

コズエさん：「はい」

一〇分後、エコマップが出来上がった。

【困窮前】

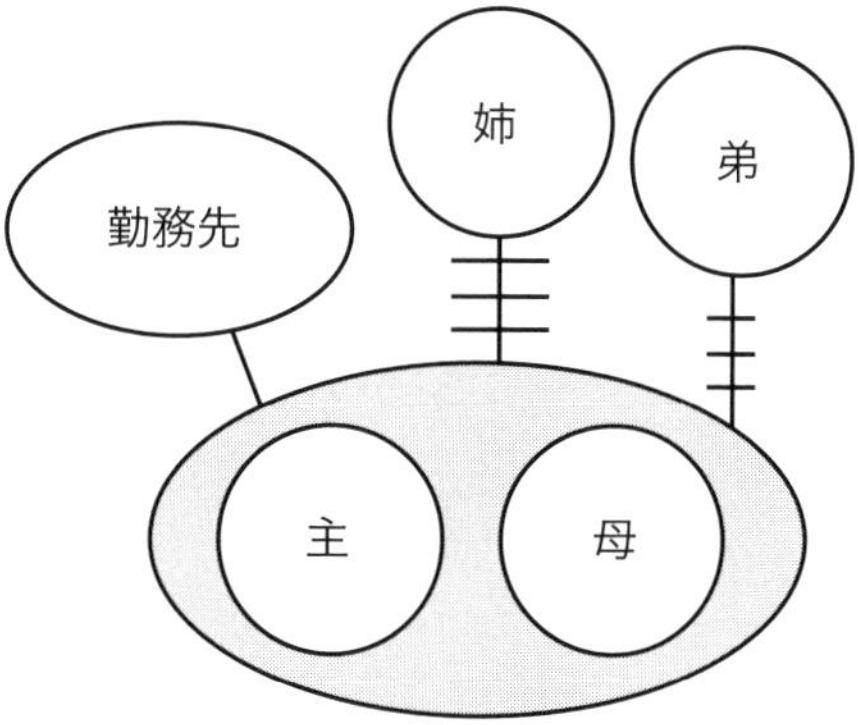

【困窮後】

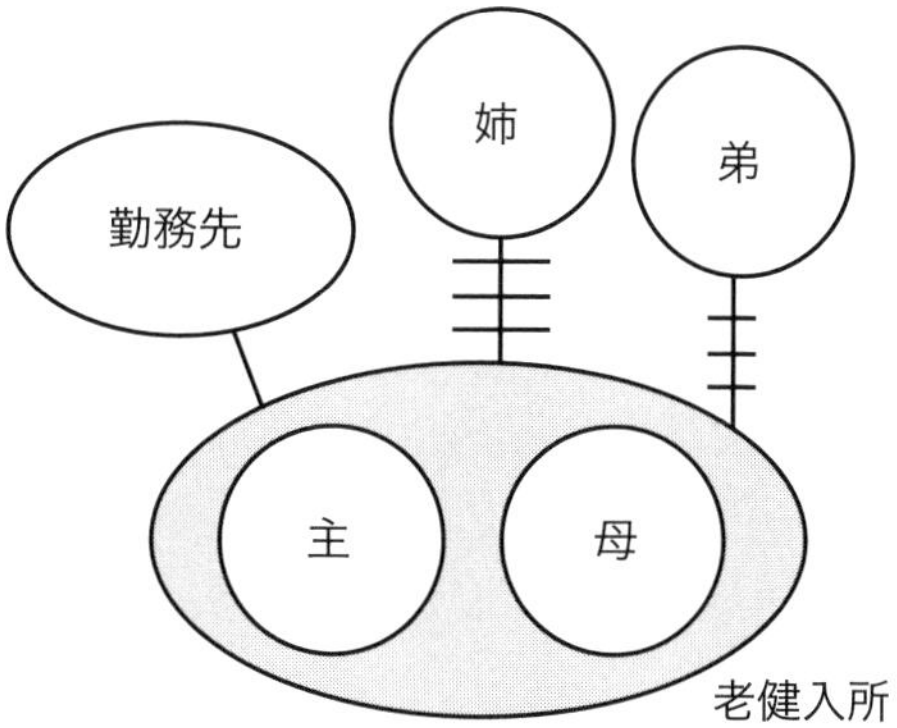

コズエさん：「あまり変化ありませんね」

私　　　　：「でしょう。じゃあ、別の人のエコマップを書いてみようか。そうだなあ……ノマさんの世帯で書いてみて。困る前、困ったとき、支援中、支援後の四種類」

ノマさんは専業主婦だった。夫と子ども二人で生活していたが、夫が会社の若い女性と一緒になるために家を出てしまい困窮した世帯だ。

【困窮前】

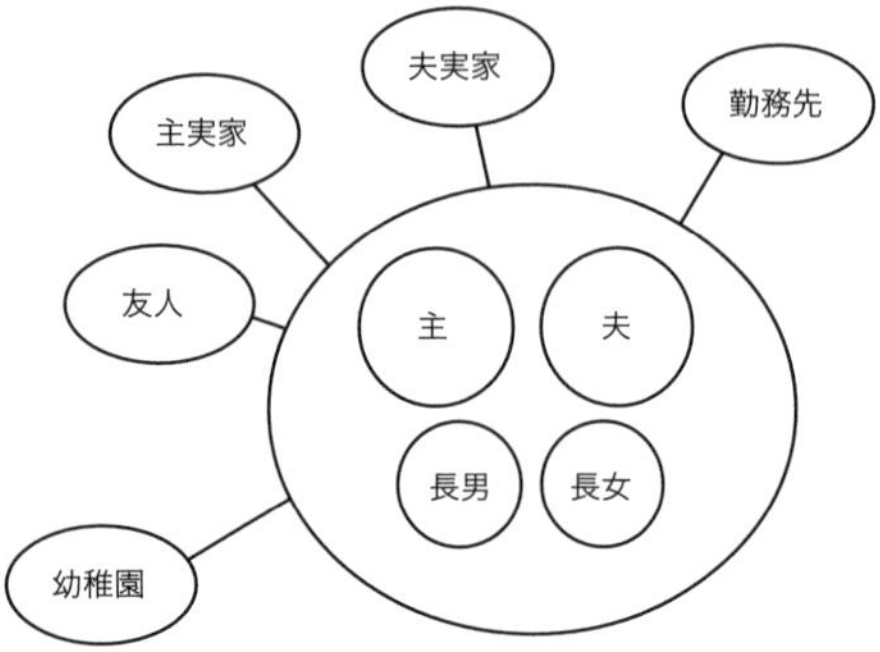

【困窮後】

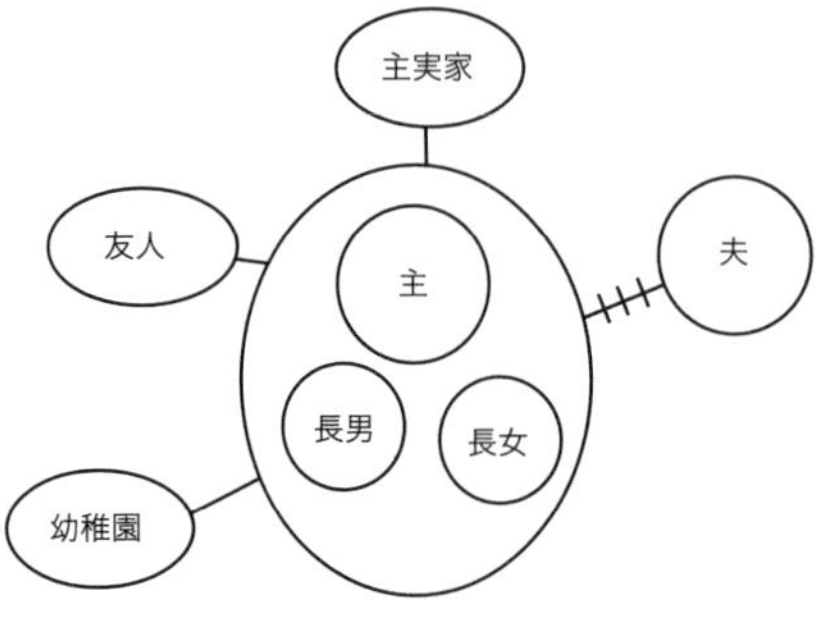

コズエさん：「変化があります。夫を人的な社会資源ととらえると、夫という資源を喪失することでお金に困るということが発生しました」

私　　　　：「それでそれで」

コズエさん：「就労支援を入れ、母子関係手当の受給を促し、保育園申し込みをしました」

私　　　　：「それが、支援の内容だね」

コズエさん：「支援後は、手当と就労収入で夫という社会資源の喪失で失われたお金に再びアクセスできるようになりました。困る前はインフォーマルな社会資源で成り立っていたけれども、夫がいなくなったことで、フォーマルな社会資源が一時的に大量投入された感じ。支援をした結果、フォーマルな社会資源は一部にとどまり、またインフォーマルな社会資源である就労収入というのが発生してきた感じです」

私　　　　：「そうだね。困っている、という状況は、社会資源の喪失でもあるんだよね。だから失ったものを取り戻すか、代わりの資源を見つけるか。じゃあ、メグミさんの場合はどうだろう?」
コズエさん:「あまり失っていないです。しいて言えばお母さんの身体機能、でしょうか」
私:「そうだね。だから、身体機能の低下に伴って介護老人保健施設という代替資源が投入されたんだよね。でも、コストバランスが悪い。これまでできていたこと、つまりゼロ円だった負担が一三万円になっているんだから。そして、そのバランスの悪さを回避できる資源として医療保険と介護保険があるけれども、どちらでもカバー

【支援中】

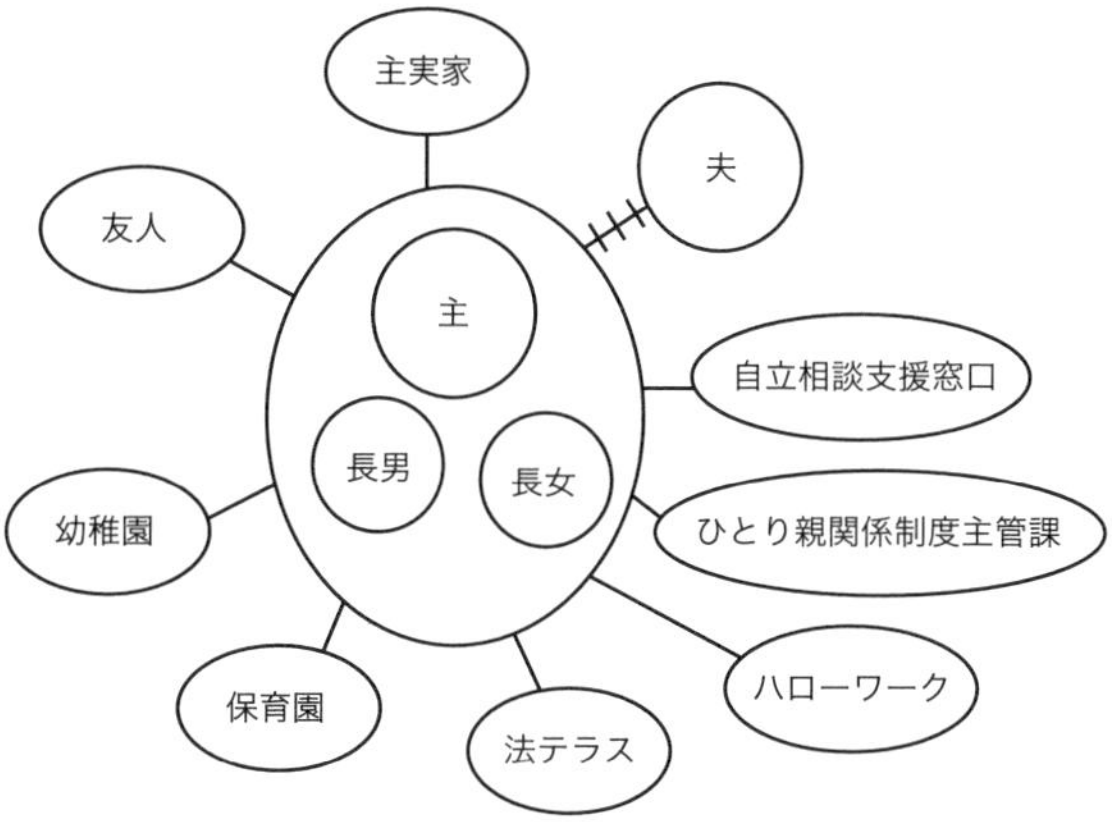

【支援後】

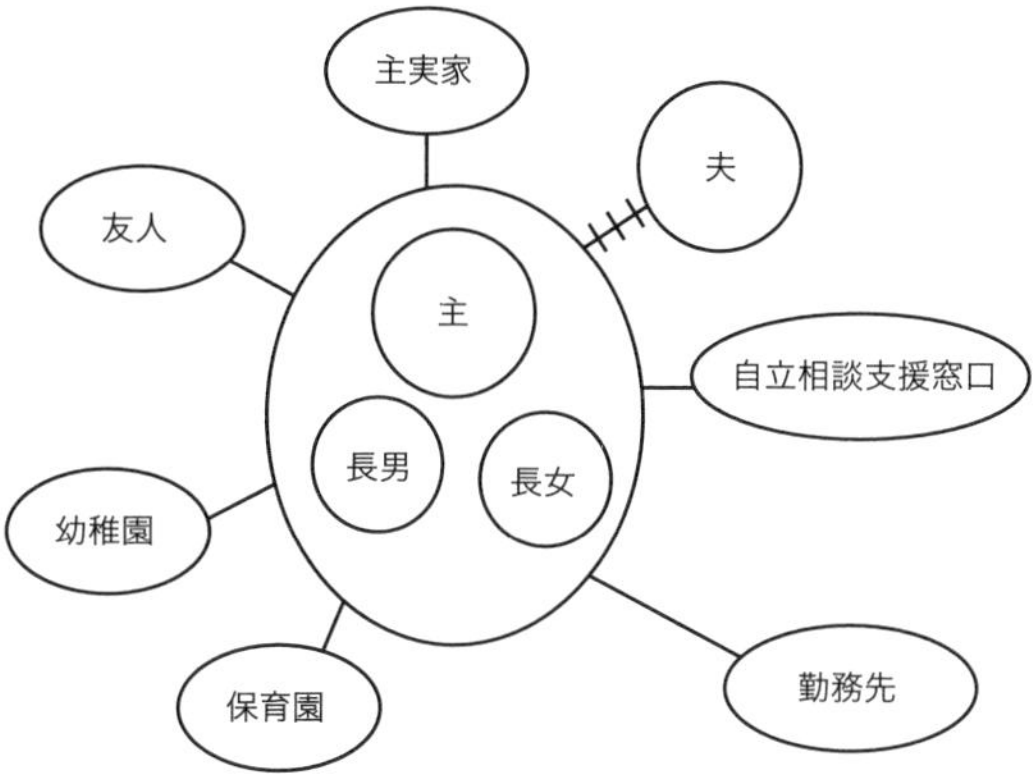

できないコストの部分のお金が補填できなくて困っている。これがメグミさんの家の今の状況だよね」

コズエさん：「はい」

私　：「エコマップを見る限り、この足りていないお金を補填できるような策は、ダブルワーク、扶養ぐらいしかない。そういう意味ではコズエさんが言っていたように、使えるものはない、という状態ね」

コズエさん：「はい。だから言っているじゃないですか」

私　：「もう一つ考えてみよう。社会資源は、ただそこにあるだけでは使えない」

コズエさん：「え？」

私　：「コズエさん、そこにおいてあるコーヒーとってくれる？」

コズエさん：「あ、はい」

私　：「今。私は、コーヒーという資源にアクセスしたよね。そこに、力が介在していたのわかる？」

コズエさん：「え？」

私　：「まずは、自分で立ち上がって手を伸ばしてつかむ代わりに、コズエさんに依頼した。依頼されたコズエさんは、脳を使い依頼内容を理解し、目を使いコーヒーを認識し、腕の筋肉を使い、コーヒーを私の元に届けてくれた。どんなにコーヒーをじっと見ても、コーヒーは自分から歩いてきてはくれない」

コズエさん：「ええ、まあ」

私　　　　：「社会資源につながるためには、必ず力、が必要になるんだよ。もし、コズエさんの性格が今一つよくなくて、自分でとりゃいいじゃないですか、っていうタイプだったら、私は自分の力でコーヒーにアクセスすることになる。もし、私の足が動かない状態であれば、アクセスできない。もし、コズエさんがおっちょこちょいで、コーヒーを認識する代わりに、めんつゆを認識したら、コーヒーにアクセスできない。私たちは日常的に無数の力を使って、社会資源にアクセスしているんだよね」

コズエさん：「考えたことありませんでした」

私　　　　：「私は、その力をサポートするのが相談支援だと思ってるよ」

コズエさん：「どういうことですか？」

私　　　　：「就労支援が一番わかりやすい例かな。大体の人が転職するときは、自分で転職サイトあさるなり、ハローワーク行くなりして新たな社会資源につながろうとするでしょう？　でも、もともとつながる力が弱かったり、何らかのネガティブな経験を経て力が低下したりすると、一人ではアクセスできなくなってしまう。例えば、対人恐怖のある人は、ハローワークの受付で躊躇してしまって、求人検索までたどり着けない、とか、何社も落ちて、うつっぽくなっている人は、パソコンを起動することさえ億劫になってしまったり。そこをサポートするのが、就労支援なんだと思うよ」

コズエさん：「何となくわかってきました。つまり、何かとつながろうとする力がどれくらい残っているのか、つながれる可能性があるのか、どうやったらつながっていけるのか、ということを考えて、どうやったらつながることができるのかを考えるのが相談支援っていうことで合ってます？」

私：「うん。さすがだね。落ちるのが早い」

コズエさん：「確かに、それは人工知能にはできないことかもしれません」

私：「そうだよね。変数が多すぎるから難しいと思うよ。そして、その力のサポートの一部は、コズエさんは毎日のようにしてるよね？」

コズエさん：「そうですか？」

私：「うん。例えば、弱視の人には、拡大した地図を渡しているし、耳の遠い高齢者には、大きな声でゆっくりと説明してる。知的能力があまり高くない人には、かみ砕いて説明している。それも、一文に一情報という感じで、認識しやすくして情報を渡している。情報という社会資源にアクセスする力がその人にどれくらいあるのか、を見定めて、きちんとアクセスできるようにサポートしているよね」

コズエさん：「意識したことはなかったですが、そうかもしれません」

私：「メグミさんの話に戻ろうか」

コズエさん：「はい。メグミさんの場合、住民票上の世帯分離か、ダブルワーク、絶縁しているきょうだいからの扶養という三つしか社会資源がありません。そのどれも拒否的でアクセスできない状態です……あっ」

私　　　　：「ん？」
コズエさん：「そうか。アクセスできるようにサポートすればよいのか」
私　　　　：「そういうことだね。もっと言うと、人間は、社会資源を提示されて、アクセスしてください、アクセスできなければ知りません、と言われると孤独感を感じるよね」
コズエさん：「できることはないっていって帰ってもらうのを止めてもらってよかったです」
私　　　　：「結構たくさんの人がね、それで亡くなっているんだよね。餓死や心中などの事件では、相談の歴があることも多い。例えば、二〇一三年にあった大阪府の餓死事件[2]。亡くなったのは三一歳の女性だけど、生活保護の相談歴があった。しかも、生活保護担当者も断ったというよりは、お金が少なくなってきたらまた来てね、と言っていたけど、次に相談にくることはなかった。つまり、その時点ではおそらく要件を満たさなくて生活保護の対象ではなかったんだよね。だから生活保護という制度にアクセスできなかった。要件を満たす状態になったときにはもう、アクセスする力が残っていなかったっていうこと」
コズエさん：「怖いですね」
私　　　　：「生活保護の面接相談員はそれが限界というところが当時はあってね。制度の対象になるかならないか、ということ以上のことがなかなかできない。そういうこともあって、私自身生活保護の相談員から生活困窮者支援の方に転職したんだよね」
コズエさん：「メグミさんを一人にしてしまうところでした」

私　　　：「次回、来たらもう少しきょうだいのことを聞いてみたらどうかしら」
コズエさん：「はい。そうしてみます」

次回以降の相談でも、なかなか出口は見えなかった。しかし、コズエさんはメグミさんと一緒に苦しんだ。窓口で、「うーんうーん」と頭を抱え、無料低額老人保健施設にもう一度片っ端から連絡をしたり、少しでも安い施設はないかと探したり。メグミさんは、少しだけ元気になってきており、ある時こう言った。

メグミさん：「コズエさん。ありがとうございます。私一人だったら、とっくに人生投げていたと思います」
コズエさん：「へっ？　でも、まだ状況何も改善されていないですよ？」
メグミさん：「違うんです。こうやって一緒に考えてくれる人がいるって本当に心強い」

メグミさんはそうやって言って涙を流してこう続けた。

メグミさん：「きょうだいと連絡を取る勇気が出てきたんです。拒否されるだろうなと思うと怖くて連絡できなかったんですが、もし拒否されたら、コズエさん、話を聞いてくれますか」
コズエさん：「もちろんですよ」

メグミさんは、それから数日後、きょうだいに連絡を取ったようだ。弟はけんもほろろという感じだったようだが、姉はメグミさんのことを案じ、施設費用の一部を負担しくれることとなった。残り必要な分が数万円。これをどうねん出するか。コズエさんは再び頭を抱えた。そんなコズエさんを見て、メグミさんは言った。

メグミさん：「あのう……月に二回くらいで、派遣の単発の仕事を入れてみようと思います」
コズエさん：「えっ？」
メグミさん：「実は、姉から支援を受けられることになって、気持ちに余裕が出てきたんです」
コズエさん：「そうでしたか。でも、体調の方は？」
メグミさん：「月に二回くらいなら、何とかなると思います。あと、会社の人が本当に優しくて、しんどい時は有休使って良いんだからねって言ってくれています。実は私、身体があまり強くなくて、皆勤賞にあこがれてたんですよね。だから、有休ってあまりとったことがなくて、たまりまくってるんです。アットホームな建設会社なんですけど、社長が、勤続年数長いのに、あまり給料上げてやれなくてすまんなって言ってくれているような会社です」
コズエさん：「そうですか。良い人達に囲まれていますね」

後日、派遣の仕事を探すためにやってきたメグミさんから、別の朗報が届いた。あの後弟からも連絡がきたという。どうやら姉から説教されたらしい。あんたが自由にのびのび暮らしていけるのは、メグがこれまでお母さんの面倒を見てきてくれていたからでしょ、この恩知らず、と怒られたようで、姉と同額の支援を申し出てくれたという。

コズエさん：「人間ってすごいですね」

私：「うん？」

コズエさん：「どうにもならないと思うところからでも、少しだけ寄り添ってサポートすれば、こんなにも力を発揮できるんですね」

私：「うん。良いエンパワメントだったと思うよ」

コズエさん：「でも、ずっと手取り足取りってわけにもいかないですよね」

私：「そうそう。でも、だいたいの人が、エンパワメントされると、恒常的な支援を必要としなくなるよ。恒常的な支援が必要なものの多くは、すでにサービス化されていたり。それでもどうしても、支援の手を離れないというときは、そこに制度化されていないニーズがあるんだろうね。コンドウさん覚えてる？」

コズエさん：「覚えてます。家計改善支援が入っていたおじいちゃん」

私：「彼は、認知症ではないし、知的障害っていうほどでもないけれど、理解力は高くなかったよね。ほとんどの人が、家計改善で「見える化」すると気づき、修正をかけ、変化していくけれど、彼については一年たっても二年たっても、同じような手助けが必要だった。手帳取得に至っていないから日常生活自立支援事業も使えないし、成年後見っていうほどでもなかったしね」

コズエさん：「ハザマの人ですね」

私　　　　：「そう。狭間にいる人の支援には、新たな社会資源が必要になってくるかもね」

本日のスーパーバイズメモ

・相談支援員は情報提供屋ではない。情報提供は大事な仕事の一部であるが、大切なことは、情報を活かし、社会資源へのアクセスを保障することである。

・社会資源のアクセスには、通常力を使う。私たちが行うのは、アクセスする力がどの程度であるのかを見立て、何をすればそれを補えるのかと考えることである。

・相談者を突き放さず、たとえ策が見つからなくても、ともに頭を抱えることで、もともと持っているクライアントの力が引き出されることがある。

・おそらく、状況にあった社会資源の情報自体は、人工知能で対応ができる。もっとテクノロジーが進んで、高齢者でも操作しやすい媒体ができれば、もはや情報提供屋の相談員は不要となるかもしれない。そこに人が介在することの意味や、人でなければならない理由を考えながら支援をしたい。最近は旅行サイトもほとんどが自動返送のシステムになっている。血の通わないやり取りを見たとき、本当にそこに人がいるんだろうか、と不安になることがある。人の存在というのは、私たちにとって想像以上の安堵感をもたらしているのだ。

・使える制度がないと思うのであれば、そこで自分たちが何をすればよいのかを考えること。もし、それが恒常的な手助けとなる場合は、そこに新たな社会的ニーズがあると考えるのが妥当である。

第3章

腹を決めて、覚悟を決めて

1　自分に巣くう正しさお化け

ショウコさんは、四〇代の女性相談員だ。ある日、ショウコさんは、マキさんという母子世帯の相談に乗っていた。離婚により経済的に困窮した世帯の立て直しをしたが、ショウコさんには気がかりなことがあった。それは、マキさんの息子さんであるハルトくんが不登校になってしまっていることだった。ハルトくんは小学校五年生。勉強の遅れが気になるショウコさんは、ハルトくんとの面談を希望していた。ショウコさんはフットワークが軽く、訪問に行くことも苦ではなかったため、ハルトくんとお話がしたいといって、訪問することになった。

当日、仕事が休みだというマキさんの自宅を訪れた。

マキさん　：「ほらハルト。お母さんがお世話になっているショウコさんよ。挨拶なさい」
ハルトくん　：「こんにちは」
ショウコさん：「こんにちは。ハルトくん、いつもおうちで過ごしているっていうから、会いたいなとおもってきちゃった」
ハルトくん　：「ふーん」
ショウコさん：「ハルトくん、普段は何してるの？」
ハルトくん　：「……」
マキさん　：「ゲームばっかりだよね」
ショウコさん：「そっか。ゲームか。何が好きなのかな？　おばちゃんとこも、息子がいて、スイッチやってるよ～」
ハルトくん　：「スイッチ？　俺ほしいんだよね」
ショウコさん：「そっかそっか。じゃあ、ハルトくんは今は違うのやってるのかな？」
ハルトくん　：「うん。プレステ」
ショウコさん：「そっか。プレステか。あれも人気だもんね。ゲーム得意なの？」
ハルトくん　：「まあまあ」
ショウコさん：「すごいね。おばちゃんは全然ダメ。息子にもお母さんはへたくそだから一緒にやってあげないとか言われちゃう」
ハルトくん　：「おれんちはお母さんの方がうまいんだよ。ゲーマーだよ」

マキさん　　：「余計なことというんじゃないの」
ショウコさん：「いいね。親子でゲーム。お友達とかとやったりもするの？」
ハルトくん　：「俺友達いないから」
ショウコさん：「そうなの？　学校のお友達とかは？」
ハルトくん　：「お母さんから聞いてるでしょ。俺学校行ってないし」
ショウコさん：「そうなんだ。どうして？」
ハルトくん　：「別に」

ハルトくんはしばらく黙りこくったあと、「俺、もうゲームに戻っていい？」と言って、部屋にこもってしまった。

ショウコさん：「まずかったでしょうか」
マキさん　　：「大丈夫ですよ。おなかがすいたら出てきます」

聞くところによると、ハルトくんは、小学校三年生の時にいじめにあって以降、不登校になっているようだった。すでにいじめは収まっており、小さいころに一緒に遊んだ友達数人はたまに自宅に来て、様子を聞いてくれたりもするらしい。ショウコさんは、訪問から戻るなり、ハンターのようなギラギラした目つきで、「コミュニケーションもとれるし、本人はいないって言っているけどお友達もいるし、学校に行けるのもそう遠くないんじゃないかしら」と口にした。学校については、私は人一倍思うところがあるので、こう投げてみた。

私　　　　　：「ねえねえ。学校行くことが目標？」

ショウコさん：「そりゃそうですよ。学校に行かないとできないことがたくさんあるし、友達もいるし」

私　　　　　：「ふうん。私は学校嫌いだったけどね」

ショウコさん：「それは、山岸さんがひねくれものだからですよ（笑）」

ショウコさんは、それからもたびたびハルトくんの元を訪ねては、ゲームの話をしたり、一緒にボードゲームをしたりした。ハルトくんは徐々にショウコさんになつき始め、訪問を楽しみにするようになった。

ショウコさん：「ほらね。本当は人を求めているんですよ。今日あたりで学校について切り出してみようと思います」

そう宣言して、ショウコさんは意気揚々と出かけていった。それから三時間後。ショウコさんはどんよりとした顔で戻ってきた。

私　　　　　：「どうしたの？」
ショウコさん：「ハルトくんが暴れました」
私　　　　　：「え？　大丈夫？　ショウコさんにもハルトくんにもケガはなかった？」
ショウコさん：「はい。それは大丈夫ですが、メンタル面で結構キツいです」
私　　　　　：「まあ、そうだよね。どんな感じだったの？」
ショウコさん：「学校のことを切り出したんです。どうして学校行かないのかな？　おばちゃんが一緒に行こうか？　って」
私　　　　　：「うん」
ショウコさん：「そうしたら、急に怒り出して、やっぱりそうか‼　お前も学校に行けっていうんだ。優しく言ったって厳しく言ったって、おんなじだ。俺と仲良くなって、うまいことおだてて学校に行かせようとしてるんだ。あいつらとおんなじだ‼　て言って、足をダンダンって踏み鳴らし始めてパニック状態になって」
私　　　　　：「すごいねえ。いや、本当にハルトくんすごいよ」
ショウコさん：「何がですか？」
私　　　　　：「それだけ、明確に核心ついたこと言える表現力、感服するわ」
ショウコさん：「あきれた。問題行動をほめてどうするんですか」
私　　　　　：「問題行動？　どこが？」

ショウコさん：「だって、自分の思う通りにならないからって暴れたりして」
私　　　　　：「それショウコさんじゃん。ハルトくんを思い通りに学校に行かせたかったんでしょ？　だからハルトくんは同じようにやって見せただけだよ」
ショウコさん：「山岸さん、性格悪いって言われません？」
私　　　　　：「ん？　たった今、遠回しに言われたね」
ショウコさん：「確かに、私はハルトくんに学校に行ってほしかったです。だって、学校に行くのは当たり前じゃないですか」
私　　　　　：「そうなの？」
ショウコさん：「また性格悪いシリーズですか」
私　　　　　：「いやいや。決してチャチャを入れているわけではなくて、ハルトくんとの関係性の中で、そこが一番の肝になっている気がするから」
ショウコさん：「どういう意味ですか？」
私　　　　　：「学校に行くべきというのを誰も微塵も疑っていないところへの反発」
ショウコさん：「？？？」
私　　　　　：「学校に行くべきというのを誰も微塵も疑っていないところへの反発。大事なことなので二回言いました」
ショウコさん：「聞こえてます」
私　　　　　：「学校ってそもそも何？」

ショウコさん：「教育を受ける場所です。勉強だけではなく、友達関係なども広がる場です」

私　　　　　：「そうは見ない人もいるってことは？　学校って近代化の産物みたいなところがあるんだよね。大量生産の時代に大量の規格化された身体を生み出した。戦争とも切って切り離せないしね。多くの「普通」を生み出すシステムでもあるという見方もあるよ。年齢に応じて、できるべきことが決められている。時間は、チャイムで管理されているし、給食の時間も決まっている。しかも、みんなで同じものを同じ量食べる。お昼寝も原則許されない。個人の特性には配慮できないシステムだよね。私は、それって息苦しいなと思いながら、学校生活を過ごしてきたから、ハルトくんの気持ちが少しわかるんだよね。我慢できる人が大半な中で、どうしても自分の特性と合わないっていう人もいて、その人達にとっては地獄でしかないよ」

ショウコさん：「そんなこと……私だって学校が嫌だった時期はありますが、親から行けって言われて無理やりいかされました。引きずられるように学校に行って、凄く嫌だったから、優しく促そうと……。社会性を育てる上でも大事なことじゃないですか？」

私　　　　　：「社会性って？　この世の中に適応すること？　それってそんなに大事？」

ショウコさん：「山岸さん、中二病って言われません？」

私　　　　　：「うん？　今遠回しに言われたね」

ショウコさん：「そんな子どもみたいなこと言って」

私　　　　　：「いやいや。マジでよ。この社会って、適応に値するの？　ってこと。そんなにユートピアだっけ？　確かに私らは、この社会の中で折り合いつけて生きていかなきゃならないけれどさ。未だにブラック企業はあるし、過労死だってある。いじめだって山ほどあるし、理不尽なことだらけじゃん。金持ちはより金持ちに、貧乏人はより貧乏にみたいな構造だってある。その社会に適応する力って、無条件に肯定されるべきものではないと思うけどな」

ショウコさん：「尾崎豊みたいですね」

私　　　　　：「微妙に世代だもんね私ら。でもさ、ちょっと自分たちの子どものころのことも思い出してみようよ。勉強しながら、なんでこんなことが必要なんだ。数学なんて生きていく上で役に立たん、とか言ってなかった？」

ショウコさん：「あ～言ってました」

私　　　　　：「水筒の中身は、スポドリはダメで、お茶か水のみＯＫみたいな謎校則なかった？」

ショウコさん：「あ～ありました」

私　　　　　：「理不尽なルールに従うことを社会性というのであれば、私はそんなものは身に着けたくないね」

ショウコさん：「厄介な人と話をしている気分になります」

私　　　　　：「まあ、言語化しなくても、こうやって感じている人はいると思うよ。昔はヤンキー今は不登校。ささやかな抵抗。まあなんにせよ、まずはハルトくんとじっくりと向き合ってみて。学校の話題には触れずに」

ショウコさん：「わかりました」

後日、ショウコさんは再びマキさんの自宅を訪ねた。マキさん曰く、ハルトくんの機嫌はすっかりとなおっているらしい。しかし、やはり顔を見せてはくれなかった。そこで、マキさんにハルトくんのことを聞いてみることにしたという。
ショウコさん：「ハルトくん、赤ちゃんの時はどんな感じだったんですか？」
マキさん：「寝なくてね。すごい大変でした。いわゆる育てにくい子ってやつで、お昼寝もしないし」
マキさん：「元夫はお前の育て方が悪いんだっていうし」
ショウコさん：「それは大変でしたね」
マキさん：「だから別れたんですけど。でも、大きくなっていくにつれて、かなり落ち着いてきたし、長く寝るようになってきたので、大丈夫かなって」
ショウコさん：「テンプレみたいな発言ですね」
ショウコさん：「あのレゴブロックのお城は、ハルトくんが作ったんですか？」
マキさん：「そうなんです。パズルとかブロックとかが好きで、ちょっとびっくりするようなのをよく作っていました。でも途中で声をかけたりすると、癇癪がひどくて」
ショウコさん：「すごい集中力なんですね」

マキさん　：「そうそう。そういう時は、音をたてたり、明るかったりするのも嫌がりました」
ショウコさん：「いやあ、あのお城、私だったら、一〇分で挫折しますよ」
マキさん　：「私もです（笑）。元夫の血かしら」

こういったやり取りのほか、家族でいった場所やエピソードを回数をかけて聞き取っていった。都度、マキさんには、「ハルトくんのことをよく知りたいんです」と伝え、教えてもらったという。そんなことが数回続いた後、ショウコさんが私のもとにやってきた。

ショウコさん：「ハルトくんのことですが」
私　：「うん」
ショウコさん：「何かこう……発達に偏りがあるというか、敏感すぎるようなところがあるような気がします」
私　：「そうなの？」
ショウコさん：「集中力が人並外れていたりとか、それを乱されたときの取り乱し方とか、あと、決定的だったのが音と光です」
私　：「健診で引っかかったことは？」
ショウコさん：「なかったようです。ぎりぎりセーフみたいなラインだったみたいですが」
私　：「障害かどうかはこの際どうでもよいんだけど、私たちには気にならない学校での一コマが、ハルトくんにとって、とてもハードルが高いものなのかもしれないね。例えば、音、とか、人との距離感とか」

ショウコさん：「そうかもしれないです。だとしたらかわいそうなことを言ってしまいました」

私　　：「自分が正しいと思うことが、いつでもだれにとっても正しいとは限らない。もし、ハルトくんが音にとても敏感で学校での音が苦しい場合、それはおそらく私たちがヘッドフォンで大音量で音楽聞いているのと同じような感じだよね、その苦痛を想像することなしに、学校に行くのが当たり前なんだからお前もやれ、って言われたらどう？」

ショウコさん：「暴れますね」

私　　：「仮に、音じゃなかったとしても、特性がなかったとしても、子どもにだっていろいろな背景があるんだよね。前に知り合った子どもはヤングケアラーで不登校になってた。でも、それを言いたくなくて、別に理由はないけどだるいから行かない、って言い張っていたから、支援者から怠け者扱いされていたりということもあった。苦しいときに、大人が事情も分かろうとせずに、正しいことを振りかざして迫ってくる孤独感って半端ないよ？」

ショウコさん：「申し訳ないことをしました」

後日、訪問した際に、トイレから出てきたハルトくんの顔をたまたま見ることができたようだ。

ショウコさんは、プイっと背を向けたハルトくんに向かってこう言った。

ショウコさん：「ハルトくん、この間はハルトくんの気持ちも考えずにごめんね。ハルトくんの気持ち、今度でいいから聞かせてほしいな」

ハルトくんは、一瞬振り返ろうとしたが、そのままゲーム部屋に戻って言ってしまった。ショウコさんは、何度かそれを繰り返した。ある時、ハルトくんが唐突に声をかけてきた。

ハルトくん　：「ショウコさんってさ、しつこいよね」

女手一つで育ててくれているお母さんには心配かけたくないから、黙っててね、と言って、ハルトくんが学校で苦手なもの、を教えてくれた。それは、給食ででてくるイチゴとキウイとオクラだった。見た目がどうしても気持ち悪くて食べられないという。あのツブツブを見ていると寒気がして鳥肌がたってきて、ましてや口に含むなんて到底無理と話した。好きなものは白米。多くの子どもが好きな果物が嫌いで、ふりかけがないと食べられないという子どもも多い白米が好き。その食の特異性が、いじめっ子たちの目に留まってしまったようだ。母子家庭であることからも、ハルトは飢えている、白米ばっか食べて貧乏な家の子みたいだ、イチゴやキウイなんか食べたことないんだろう、だから食べられないいんだろう、というところからいじめが始まったようだ。

私　　　　　　：「ハルトくん、話してくれたんだね。良かったね。私は感覚過敏はないけれど、私たちでいったら、蛇や虫を食べるのと同じような不快感があるんだろうね」
ショウコさん：「本当に。気づきませんでした。大変な思いをしてきたんだなあ、って思いました」
私　　　　　　：「それは、ハルトくんに伝えた？」
ショウコさん：「伝えました」
私　　　　　　：「そしたら？」
ショウコさん：「やっとわかったか。これだから大人は嫌だねえ—って（笑）」
私　　　　　　：「うん。この子大丈夫だ」
ショウコさん：「私もそんな気がします。お母さんにも打ち明けられて、学校の配慮も得られるといいんですけどね。私、今回、正しさに引きずられていたように思います。でも、物事って、いろんな側面があるから、何が正しいことかなんて、本当はなかなか決めれない。安易でした」
私　　　　　　：「そうだよね。私たちは、いろいろな正しさを身にまとって生きてるから、その正しさを一度相対化することが必要になる。本当に正しいのか、と疑ってみることが必要になる。私は、それを正しさお化けと言ってる。正しさって本当に気持ち悪い」
ショウコさん：「ほんとうにひねくれてますね」
私　　　　　　：「私たちの中に巣くっているからね。ホラ。ネットリンチとかあるでしょう？　自分の正しさを誇示する行為。ああいうの、本当に怖い。自分は正しいと信じて疑わない。というか、自分は正しいと信じたいという不安の表れかもしれないけれど。だから、私はあえて正しさから距離をとってるの。正しさを振りかざすと暴力になることがあるから。そのために、いろいろな知識を動員している。例えば、学校の話をしたでしょう？　あれは、イヴァン・イリッチ[3]という学者の脱学校論なんかを読んで、影響を受けたんだよね。当時医療社会学も勉強していて、医原病という考え方も知って衝撃を受けた。あとは障害学」

ショウコさん：「障害学は聞いたことがあります。医原病って何ですか？」

私　　　　　：「医療が病気を作り出しているっていう話。医療そのものに対する疑いのまなざし。ほら、なんだかんだ言って、私らって、医療万能みたいな感じでとらえているところあるでしょ？」

ショウコさん：「確かに」

私　　　　　：「前に、就労支援をしていたサカキさんていう人が、腰痛を理由に全然就労活動しなくて。生活保護受けてたんだけど、担当のワーカーさんからは、病院に行くように勧められていたけど一向に行かないんだよね。それで、本当に痛いのなら、病院に行くはずだから、本当は痛くないんだ、嘘をついているんだ、って言われちゃっていて」

ショウコさん：「私でもそう思うかもしれません」

私　　　　　：「でもさ。みんながみんな痛みから逃れたいと感じているわけじゃないんだよね」

ショウコさん：「そうなんですか？」

私　　　　　：「私、三年前にゴミ屋敷の掃除にいって三か月ほど腰痛に見舞われたの覚えてる？」

ショウコさん：「覚えてます覚えてます。ロボットみたいな動きしていたし、ちょっと体勢変える度に、カエルつぶしたような声出してました。あの時、笑っちゃいけないんだけど、あまりにカエルっぽくて、夫に、上司がカエル化なうってメールしちゃいましたもん」

私　　　　　：「それひどくない？」

ショウコさん：「え？　あ、すみません。大変でしたね」

私　　　　　：「とってつけたような大変でしたねは要らんわ。あの時、抗生剤処方してくれた病院があってね。それ飲んだら、すこーし良くなったんだよ。二か月目。何とも言えない気持ちになったんだよね。痛いのは嫌だし、不便だし、仕事から帰ったらほとんど動けないいし、何とかぎりぎり家族のごはんを用意して、あとは食べて……って言い残して、ほぼほぼ液状化するような感じで二階まで這い上がっていって。朝の方が若干楽だったから、お風呂は朝入って」

ショウコさん：「治ってよかったですよね、本当に」

私　　　　　：「それがさ。治りかけたとき、ちょっと寂しくなったんだよね」

ショウコさん：「え？　なんでですか？」

私　　　　　：「痛みがある生活って、苦痛なんだけど、それ中心に工夫してカスタマイズされていくんだよね。痛みと同居する感じ。長く痛んでいると、痛みがアイデンティティの一部みたいになっちゃう」

ショウコさん：「よくわからないけど、そんなこともあるんですね」

私：「だから、私さ。サカキさんも、痛みのある生活から変化をすることへの抵抗があったんじゃないかなって思ったんだよね。治りたくないっていう人も一定数いるのかなって」

ショウコさん：「そんなもんなんですね」

私：「障害学についても似たような視点があったよね」

ショウコさん：「どんなでしたっけ」

私：「障害はないにしたことはないか、というのが障害学の中の大きなテーマなんだよね。つまり障害を否定すべきものとして見るかどうか。多くの人にとって、障害はないにこしたことはないとされるけれども、障害をアイデンティティの一部として生きている人もいるっていうことが衝撃的だった。例えば手話を使う人とかね。病気を治したくないのはおかしい。障害をなくしたいと思わないのはおかしい。それ以外の見方ができるようになると、その人への理解がぐっと深まるよね」

ショウコさん：「はあ。私ももっと勉強しなきゃですね」

本日のスーパーバイズメモ

・正しさを疑ってみることも大切である。私たちは、多くは自分が正しい価値観を有していると考えている。しかし、正しさは、人によって、また時代によっても変化する。私たちが認知している正しさなどは、相対化可能な社会的構築物である。別の視点、別の文脈で正しさから距離をとってみることもまた、必要なことである。

・自分の常識という物差しで、クライアントをはからない。また、それを押し付けないこと。クライアントが、どのように感じているのかこそが大切なことであり、支援者の常識は二の次三の次でよい。

・近すぎると見えないことがあるように、自分がまとってきた正しさについて懐疑的なまなざしを向けることは難しい。それを可能にする一つの方法が、学問であり知識でもある。自分たちが正しいと思っていることへの批判的な視点を学んでおくことで、自身の視野は広まる。

2　もしもトイレに行きたくなったら?

サトシさんとミナさんがこちらを見ながら、こそこそとしゃべっている。

私　　　　：「何――? 悪口? (笑)」

ミナさん　：「そんなところです」

私　　　　：「え? 何? 本気で悪口? (笑)」

サトシさん：「悪口っていうか、僕たちちょっとわからなくなっちゃって。ミツヤさんとの相談の時に山岸さんは、ミツヤさんがまずやりたいことをやれるように注力しろって言いました。一方で、ミナさんの時には、表面に出てきているものに振り回されるなと言いました。これって真逆じゃないですか? どうしたらいいんですか?」

私　　　　：「いいところに目を付けたね。私もいつもそこでぐるぐるする。ニーズって言葉は知ってるよね?」

サトシさん：「はい」

私　　　　：「ニーズにはいろいろあるんだよね。これをブラッドショーっていう人がわかりやすくまとめているんだけど、今日は便宜上のくくりで考えてみようか。まず、表明されたニーズというのがあるよね。利用者さんが、○○が必要だと感じて、表現しているニーズ。ミツヤさんで言うと、仕事をしたい、仕事が必要だ、というニーズ。ハタナカさんの場合は、総理大臣を訴えたいとか、市長を訴えたいとかいうニーズ。これに対して、潜在的なニーズがあるだろうね。ミツヤさんの場合は、お金の管理のことだったり、親御さんのことだったり。ハタナカさんの場合は、自分の気持ちをわかってもらうこと、だった。どちらも本人のなかにあるものだから、内容とか支援者の力量、利用者の状況や訴えの内容によって、どのニーズから注目するかということは前後するんだよね。あとは、クライアントの状態、それから支援者とクライアントの相性や関係性。

サトシさんの場合、まだ聞き取りも慣れていない段階だから、潜在的なニーズにはいきなりたどり着けないでしょ？　だから表現しているニーズにこたえるようにしなさいと助言したの。その結果、潜在的なニーズが引きずり出されてきたね。ミナさんの場合は、ある程度ストーリー性をもって、情報を把握する力がついてきているし、ハタナカさんの表現するニーズには応えるのが難しいから、潜在的なニーズに注目してもらった」

ミナさん：「そういうことなんですね」

私：「そうよ。支援って、人と人との化学反応みたいなところがあるから、相手の状況だけじゃなくて、支援者側の状況をきちんと把握することも大事なんだよ」

ミナさん：「ニーズがぶつかるときって、どうしたらいいんですか？　例えばよくありますよね、明らかに精神疾患で、医療が必要だというのに、絶対に行きたくないっていう人」

私　　：「それそれ。それが難しいんだよね。私たちが、いわゆる専門職の目で見て必要と思うことと、本人が感じていること、表現していることには差があるんだよね。これを一方的に押し付けてしまうとパターナリズムになってしまうよね」

サトシさん：「パターナリズム、ダメ、ゼッタイ」

私　　：「……そうだね（笑）。命に係わること以外はね。専門知識を用いた見立てからはじき出されたニーズを専門家ニーズとして見ると、専門家ニーズと潜在的ニーズ、表現されたニーズの間には、ズレが出やすい。医療拒否もそうだし、あとは身体なおしてから就職した方が良いという見立てをしても、本人がすぐに仕事についてしまって、結果身体を壊してしまうとか。専門家ニーズでゴリゴリとクライアントを従わせようとするのはパターナリズムそのもので、失敗する権利も奪ってしまうよね」

ミナさん：「失敗する権利、ですか？」

私　　：「リスクを冒す権利と言っても良いかも。自分の人生を主体的に生きるためには、自分で決めて、その結果を受け入れるということも含まれるでしょう？　誰かが敷いたレールの上を失敗知らずで生きて、それで自分の人生生きたことになるのかっていう」

ミナさん：「深いですね」

私　　：「ほかに、これは私が勝手にそう呼んでいるんだけど、支援者ニーズというのもあるよね。組織や支援者の側の制約というか。例えば、ここの相談窓口は一七時で終わるでしょう？　夜間対応はしていない。私にしても、ミナさんにしても、サトシさんにしても、ずっとこの現場にいられるとも限らないし、そもそもずっとこの仕事をするとも限らない」

サトシさん：「でも、それは仕方のないことなんじゃないですか？」

私　　　　：「そうだね。要は、その支援者ニーズがどれほど妥当であるか、ということ。例えば、長く聞くのは面倒くさい、手早く相談を切り上げたいという支援者ニーズはＮＧでしょ？」

ミナさん　：「長くてイライラすることはたまにありますが、切り上げたいとまでは思いません」

私　　　　：「そうそう。そこがミナさんのいいところ。イライラするのは自分の都合だってしっかりわかっているから。でもね。クライアントを取り巻く世界って、結局のところ、折り合いをつけていかなければならないんだよね。どんなに本人に中心になってもらいたくても、夜間までは私たちは対応できないし、総理大臣を訴えたいというのも非現実的で、どこかであきらめてもらわなければならない」

ミナさん　：「折り合いをつけるプロセスが大事なんですね」

私　　　　：「いいこと言うね。そうなんだよ。いろいろなニーズがあって、それが少しずつずれている。場合によっては真っ向から対立することもある。そこをまとめていって、本人の意をくみながらどうやって現実的な対応に落ち着けるか、というプロセス。サトシさんさ。面談中にトイレに行きたくなったらどうする？」

サトシさん：「え？　なんか関係あるんですか？」

私　：「トイレって、究極のこちら都合でしょ？　でも、クライアントのニーズは、自分の話を聞いてもらって相談支援を受けること。ニーズが対立するよね？」

サトシさん：「はい。もうそれは、正直に言います」

私　：「そうだよね。そして、それで怒り出すクライアントはめったにいないよね」

サトシさん：「はい」

私　：「どうしてだと思う？」

サトシさん：「仕方のないことだから、ですかね」

私　：「それもあるね。私も一度、同行中に、トイレ行っていいですか？　って聞いたら、ダメって言えないじゃ～んって言われたことがあるよ（笑）。でもつまるところ、誠意をもって、こちら都合のニーズを提示して、相手に理解を乞うて、仕方ないかと思ってもらえるかどうかだと思うんだよね。一方で、一番よくないなと思うのが、ごまかすこと。さらにひどい状況だと、ごまかしたうえに相手の問題に転化してしまうこと」

ミナさん：「ドキッとしますね。私だったら、ちょっと相談巻き気味にしちゃいます」

私　：「自分の都合だという認識があればまだいい。施設などの集団生活においてはこの手のことが発生しやすいよね。例えば規則。利用者のためというルールがほとんどだろうけれど、中には、管理しやすくするためのルールというのを設けているところもある。そしてそれを守れない利用者さんを問題人物扱いしちゃうの。誰のためのルール、制約なのかっていうと、支援者のためのルールであることも多い。昔、障害者施設で女性も丸刈りにされていたことがあったんだけど、それって利用者のためじゃなかった。洗うのに手間がかからないという介護者の側の都合によるルールだったんだよね。にもかかわらず、髪を伸ばしたいといった入所者は『わがままだ』とレッテルを貼られる。これって、支援者とクライアントっていう絶対的な権力差によって成り立っている手法で、感じ悪い」

ミナさん：「聞いたことがあります。女性は生理が来ないように、子宮を取られたと。なんてひどいって思っていたけれど、私たちの中にも、自分都合なニーズを押し付ける気持ちの芽みたいなのはあって、割と境界線は身近にあるのかも」

私：「いいところに気づいたね。ひどい例を聞くと、ありえない自分だったらそんなことしないっていう人が多いんだけど、実はとても身近な感覚なんだよね。でもとりあえず、サトシさん、口閉じようか」

サトシさん：「あっ。はい。なんか難しくて。いつもそんなこと考えて仕事してるんですか？」

私：「いつもは考えてないよ？　人にもよると思うけれど、仕事をしていくうちに、身体に染みつく感覚があるっていうか。いわゆる身体知ってやつかね」

サトシさん：「ほげ」

私：「まず、二人に伝えたいのは、誰のニーズか、っていうことをはっきりと意識すること、だね。クライアントのニーズなのか、自分のニーズなのか、それは、クライアントにこうなってほしいというのも含めてだけどね、はたまた理論に裏打ちされた専門的な観点からのニーズなのか。そして厄介なことに理論もまた絶対ではないんだよね。そこも踏まえてほしい。例えば、アルコール依存症の支援の王道は、二〇年前くらいまでは、底付き支援しかないって言われていたでしょう？　動機付け面接やオープンダイアローグの登場でそれも覆されているし、薬物依存についても、依存物質との完全な断絶がセオリーだったのが、危なくない範囲でやるというハームリダクションの考え方が出てきていいる。たった二〇年くらいの間にだよ？　そう考えると、どのニーズが絶対に正しいなんてことはないという前提に立つことが大事なんだよね。しかも、専門家ニーズは環境によってはあまり問題化されないことがあって、きちんと生活そのものに立脚してみないと正しく判断できないという側面もあるかも」

ミナさん：「例えば？」

私：「統合失調症で、二〇年症状が安定していて、本人が妄想をコントロールできていることがあってね。ただ、妄想とお話していると楽しくなってきちゃって、やったー、とかいいぞ、とか大きな声で騒いじゃう。でも、その彼、森近くの戸建てに住んでいたんだよね。統合失調症で妄想が出ていると、専門知識に基づくニーズですぐに思いつくのは、服薬のニーズだけど、本人はそれを望んでいなかったんだよね。妄想のお友達と離れたくないといって。でも、そもそも戸建てで誰にも迷惑かかわらない、つまり社会的な軋轢がない状態で、症状が安定していたら、服薬の必要あるか？　って話。おかれた環境をよく見ないといけないよね」

サトシさん：「僕、自分が考えることが正しいと思っていました。それでこそ専門家だって思ってたから」

私　　　　：「サトシさんのいいところは、そうやって素直に振り返りができるところだね」

ミナさん　：「そうそう。サトシくんは、そこが魅力だよ。絶対に、トイレ行っていいですかって素直に言うタイプ」

サトシさん：「褒められてうれしいけど、ちょっとトイレから離れてもらっていいですか？」

相談員も実にいろいろなタイプがいる。もって生まれた性格、育てられた環境、生きてきた時代、前職、今置かれている環境。サトシさんやミナさんのように、自身を振り返られる人はそう多くないのかもしれない。誰だって、自分が正しいと思ってきたことを疑ってかかるのはしんどいことなのだから、支援者自身の余裕と安定が、その振り返りの質を左右する。実際には、もっと多くの葛藤を経験することになるのだろう。時に怒り、時に泣き。

ミナさん　：「それで、どうやって、折り合いをつけていくんですか？」

私　　　　：「うーーん。わかんない」

ミナさん：「は？」

私：「いや、わかんない」

ミナさん：「そんな。一番大事なところじゃないですか」

私：「正確には、こうやったらうまくいくっていう決定打というか、ノウハウ的なものがないというか」

ミナさん：「……」

私：「ああでもないこうでもない。いや、これは私の都合だ、クライアントはどう考えているんだろうって、ぐるぐると話しているうちに、大概なんとかなってる」

ミナさん：「それはもう職人芸じゃないですか」

私：「わかんない。でも、さっき言ったような、姿勢であるとか誠実さであるようなことは結構大きく影響していると思うんだよね」

ミナさん：「……対等」

私：「なに？」

ミナさん：「対等という言葉が浮かびました」

私：「うん。それ、それ大事。押しつけのない関係性を担保するというのかな。それでも完全に対等っていうわけじゃないんだろうけれど。そこから始まるのが……」

サトシさん：「……対話だ!!」

私：「そうそう。対話。あなたはこう思っている。私はこう思っている。あなたはなぜそう思うのか、みたいなプロセス。世界観の共有」

ミナさん：「世界観を共有できたときに、ものごとが動き出すのかもしれませんね。ゴゴゴゴゴって」

私：「効果音よくわかんないけどそんな感じ」

ミナさん：「そこで、利用者の意味世界を否定しないという意味での受容が大事になるのか……。なんかわかってきたような気がします。できるかどうかは別として」

私：「よきよき。サトシさん、メモとってんの？」

サトシさん：「僕、今日すっごい勉強になりました。忘れないようにメモとりました!!」

ミナさん：「どれどれ、見せてみ。なになに？　対話大事!!　ってサトシ雑!!　絶対忘れるだろこれ（笑）」

私：「じゃあ、サトシさんが忘れていたら、今度はミナさんが教えてあげてね」

本日のスーパーバイズメモ

・ニーズとは何かを考えよう。そして、それは誰のニーズなのか考えよう。支援者のニーズを、利用者のニーズのようにすり替えるのはやめよう。どうしてもニーズが対立するときには、誠心誠意、私はこうするのが良いと思う、と伝える姿勢をもとう。ごまかすのはやめよう。

・支援者-クライアント間の権力関係は払拭不可能である。私たちは自分の住所は開示しないし、預貯金通帳を見せたりもしない。どうしたって、支援する側される側には、圧倒的な権力差が存在する。私たちの言っていることはいつも正しいという前提に立ってしまう。このことに留意しよう。留意しても払拭はできない中で、いかに相手のニーズに耳を傾けられるか、その姿勢が問われている。

・対話の持つ効用について、近年にわかに注目されている。福祉業界だけではなく、様々な業界で対話という言葉がささやかれているようだ。しかし、対話とはいったい何をすることなのか。どうしたら、対話をしたことになるのか。対話をすると何が起こるのか。対話しているようで、対話になっていないということがよく見られる。ノリで相手に合わせていくコミュニケーションだけでは、対話とは言えない。衝突を怖がり、クライアントに同調するだけでは対話とは言えない。

3 専門性を脱ぐ専門性を身につける

ショウコさんが不登校のハルトくんにかかわり始めてしばらくがたち、ショウコさんは新たな壁にぶつかっていた。不登校の原因が、食に対する感覚過敏にあることをつかんだショウコさんには、「王道支援」が浮かんでいた。もともと障害系の領域に興味を持っていたショウコさんは、ハルトくんの持つ特性を「発達障害」と関連付けて考えるようになった。事実、説明がつきにくかったハルトくんの行動を「発達障害」という文脈でとらえなおすと合点がいくものも多かった。

ショウコさんはとても勉強熱心なので、発達障害に関する本を読み漁り、ハルトくんはＡＤＨＤかな？　いや自閉傾向かな？　典型って感じじゃなさそうだけど……とブツブツ言っていた。このぐらいの年齢なら、あの薬を飲めば楽になるのでは、とか、診断を受けるのなら○○病院だと安心、と口にし、暴走を始めた。この暴走にハルトくんを巻き込まないためにも、事前に何とかしなければ、と思い時間をとることにした。起こってしまうことは仕方がないけれど、支援者の失敗やうまくなさで不利益を被るのはいつだってクライアントなのだから、気づいたのなら止めなければならない。

私　　　　：「ショウコさん、ハルトくんってどんな子だっけ？」
ショウコさん：「発達っぽい不登校の子です」

すっかり、「発達障害」が冠のようになってしまっている。これはまずい。

私：「ああ、あのレゴのお城の子ね」

ショウコさん：「あれも、よく考えたら発達そのものって感じですよね」

私：「そうだね。で、そこからハルトくんをどう理解する？」

ショウコさん：「発達障害ってことでいいんじゃないですか？　診断を受けて、通級だったらいけるかしら、放課後デイとか……いやそこまでじゃないかな……」

私：「私が聞いているのは、ハルトくんをどう理解する？　ってことで、障害特性やサービスを聞いているわけではないんだけど。ハルトくんは、発達障害っていう子なの？　発達障害っぽい特性を持っている一〇歳のハルトくんっていう男の子だよね？」

ショウコさん：「そうですけど」

私：「ちょっと気になっているんだけど、ショウコさん少し発達障害に引きずられて、ハルトくんの姿が見えなくなってしまってない？」

ショウコさん：「えっ……？　そんなつもりじゃ……」

私：「よくわからないけれども、一生懸命ハルトくんをわかろうとしていた時の方が、ハルトくんという人物に対する理解度が高かったように思うけれど？」

ショウコさん：「……」

私：「最近ハルトくんがはまっているゲームは？」

ショウコさん：「聞いていません」
私　　　　　：「最近ハルトくんが楽しかったことは？」
ショウコさん：「聞いていません」
私　　　　　：「ハルトくんの生活は障害がすべてなの？　それはちょっと悲しいな。ハルトくんも悲しくならないかな？」
ショウコさん：「……はい」

ショウコさんは、うなだれて自席に戻った。少しきつかっただろうか。ピープルファーストという知的障害者の団体がある。私たちは障害者である前に人間だ、ということを訴えた団体で、一九七〇年代のアメリカで作られた団体だ。二〇二二年現在も活動をしており、日本でも展開されている。私は、この団体のことを学生時代に知り衝撃を受けた。それまで、障害を持った人とかかわりがあまりなかったが、ボランティアに行ったりする中で、障害者から障害をもった〇〇さん、という風に自身の認知が変わっていったことも鮮明に覚えている。

確かに、障害名や病名はその人を理解する手がかりを多く含む。でも、それ以上でもそれ以下でもない。人はみな、自分自身の人生を生きる主体で、何時に起きて何を食べるかという生活の細部に至るまで、障害と関係する部分もあれば関係しないで進行するものも多い。それを十把一絡げに「障害者」とくくって「障害者だから〇〇だ」という理解の仕方をするとすれば、それはどれだけ乱暴なことだろうと思う。ショウコさんは、勉強熱心な分、このトラップにはまり込みやすかった。

数時間後、ショウコさんがとぼとぼと私の所にやってきた。

ショウコさん：「私、勉強して専門知識をつけることが大切だと思ってやってきましたが、勉強を続ける自信がありません」

私：「勉強は大事だよ？　実際、ハルトくんの特性が、他の子とは違うことに気づいたおかげで、実はほかにも困難があるのではないかっていう視点も持てたわけだし、それを引き出すための質問もできるわけだし」

ショウコさん：「でも、どうしても、障害⇒診断⇒サービス利用っていう流れをスムーズにやってのけることが専門職って感じ、という憧れみたいなものがあります」

私：「わかるわかる。華麗に決まった‼　みたいな支援の形ね」

ショウコさん：「はい」

私：「でも、そこにハルトくんの存在がない」

ショウコさん：「はい。言われて気づきました。ここの所、私はハルトくんをどうやって受診につなげるか、お母さんであるマキさんにどうやって話を持ち掛けようかってことばかり考えていて、ハルトくんそのものを見ていませんでした。我が家にも息子がいるじゃないですか。息子は弱視なんですけど、息子は息子です。専門家から、弱視だからああでこうで、って言われたらなんかすごく傷つくというか。息子は息子だって鼻息荒く言いたくなります。専門家っていったい何なんでしょうか」

私：「難しいですね」

ショウコさん：「難しいです。知識をつければつけるほど、見えなくなっていくものがあるっていったいどういうことなんだろうかって」

私：「ショウコさんは無知のアプローチって知ってる？」

ショウコさん：「いえ、聞いたことはないです」

私：「私が初めて無知のアプローチについて知ったのは、野口裕二先生の『物語としてのケア――ナラティヴ・アプローチの世界へ』[4]っていう本だったんだけど、そこで衝撃を受けたんだよね」

ショウコさん：「どんなアプローチなんですか？」

私：「私たちは、クライアントのことを何も知らない」

ショウコさん：「え？」

私：「実はさ。私たちって、知っていることってそんなに多くないんだよね。私、以前障害者の地域活動支援センターで働いていたんだけど、その時に、ミヤモトさんっていう統合失調症のおじさんがいてね、もうなくなってしまったんだけど、ミヤモトさんはいつも私の左肩に動物の霊がいるっていうの。だから、心配だ、って言って。自死してしまったんだけど、最後にくれた電話は「生きたい気持ちと死にたい気持ちが半分半分です。あなたの肩に、動物の霊がいることが心配です」っていうものだった」

ショウコさん：「典型的な妄想ですよね」

私　：「そうそう。でも、私そのころ統合失調症をよく知らなくて、もしかしたらミヤモトさんには本当に何かが見えているんじゃないかって何度か思ったことがあるんだよね。だから、一生懸命ミヤモトさんの話を聞いた。え？　動物ってキツネ？　猫？　犬？　って。教えてくれなかったけれど。その後統合失調症の人に何度も出会って、妄想にもずいぶん触れてきて、今なら『妄想ね』って思うから、あんな聞き取り方はできないんじゃないかなって思う。そして、ミヤモトさんのような人にとって、自分の話を一生懸命聞いてくれる人というのは、結構大きな意味を持つのではと思ったりするんだよね。自死を止めることができなかったのは力不足だったなと今でも悔しいけれど」

ショウコさん：「得ることで失うもの……」

私　：「そうなんだよね。知ってしまうと、聞けなくなる。でも、私たちが、知っていることって、実際そんなに大したことないんだよね。それも認めなきゃならない。だって、宇宙の成り立ちは説明できないし、そもそもなぜ人が存在するのかもわからない。あなたと私が見えているものが同じであるということは立証しきれないし、眠っている九〇％の脳ってなんのためにあるのかもわからない。世界は思っている以上に謎に満ちている。私たちが知っているのは、人間の身体や精神に関することのごくごく一部で、それもとりあえず現時点までに『正しい』とされていることに過ぎない。そのことを自覚しないと、神目線になってしまう。しかも相談支援という現場で出会った人たちのことなんて、わかるわけがないよね。家族でさえも、えっ？　そんな風に思ってたの？なんてこともよくあるんだし」

ショウコさん：「神目線……なんとなく」

私：「わかっていること、を一度捨ててみる。私はわからないんだということを自覚してみる。それが大事」

ショウコさん：「かなり難しいですね」

私：「私ら支援者だからね。他の人が困っていて、その解決策で自分が知っていることがあれば披露したくなっちゃう。でも、それをぐっとこらえる。私はこの人のことを何にも知らないんだ。この病気やこの障害について、部分的には知っていても、根本的には何も知らないんだ、と言い聞かせること」

ショウコさん：「ハルトくんの精神世界が、発達障害という言葉によって少しだけわかった気がしていたんです。でもそれは、きっと思い上がりでした。こういうところに権力関係が発生していくんですね」

私：「良い指摘だね。力の差がこういうところでも顕著になってしまう。さっき言ったように、何一つわかっていることなどない。正しいといわれる学説は、現時点で多くの人に合意されているというだけであって、正しさとはまた別のものだということ。ハルトくんが見ている世界と、私たちが見ている世界が同一のものであるという立証ができない以上、ハルトくんに何が見えているのか、ということを探るのに、学説は邪魔になることもあるんだよね」
ショウコさん：「ハルトくんそのものを感じろということですね」
私　　　　　：「そういうこと。そしてそこに優劣や正誤をつけないこと。自分の世界に、無理に引きずり込まないこと」
ショウコさん：「また、ハルトくんを傷つけてしまうところでした」

ショウコさんは本当に優しい。無条件に子どもたちを愛し、「かわいそうなこと」があれば涙ぐむような優しさがある。共感能力に長けていて、愛情深く、彼女自身が傷つきやすいところを専門知でカバーしようとしたことで、今回の件が発生した。私には彼女のようなスタンスで子どもを見ることはできない。ショウコさんにはショウコさんにしかできない支援があるのだ。

初心に戻ります、と言って、ショウコさんはまたハルトくんの元へいった。彼女がやったのは、本気のボードゲーム。病院に連れて行かなきゃとか、学校に行けるように、とかそういった算段をマルっと忘れたボードゲーム。その数日後、初めてハルトくんが窓口にやってきた。

ハルトくん：「ショウコさんの上司の方はいますか？」
私　　　　：「はいはい。あ、ハルトくんですね。こんにちは。ショウコから聞いています」
ハルトくん：「あの人、しつこいし、この間ボードゲームやったときなんて、くっそおおお、もう一回って大人げなく騒いでて大変でした。きちんとしつけてください」

ハルトくんは、ませた口調で私に言った。
私　　　　：「そう、ごめんなさいね。ハルトくんは？　楽しくなかった？」
ハルトくん：「いや、あんなに騒がれたら、楽しめないでしょフツー。まあ、でもおばさんの相手もたまにはしてあげてもいいですよ」
私　　　　：「ふふ。伝えとく。今日は？　クレーム言いに来たの？」
ハルトくん：「そうです。それから、ショウコさんにちょっと相談したいことがあるんだけど、お母さんに知られたくないから」
私　　　　：「あら。そうなの？　今お昼休憩入っていて、あと一〇分で戻るけど待てる？」
ハルトくん：「はい。急ぐ旅でもないんで」
私　　　　：「ここ、ザワザワして落ち着かないから、相談室で待ってる？」
ハルトくん：「そうします」

ハルトくんは、とてもひょうきんでかわいらしい男の子だ。お昼休憩から戻るショウコさんが見えたので「ハルくん来てるよ～」と声をかけたら、ハルトくんの突然の来訪に驚き、喜び、走ってきて転んだ。それを、ハルトくんが相談室の隙間からそっと覗いていた。専門知に引きずられそうになりながらも、内省を繰り返し、一人の男の子に精一杯向き合おうとするショウコさんを、ハルトくんが相談相手として選んだ瞬間だった。

ハルトくん　：「ださっ」
ショウコさん：「へへへ」
ハルトくん　：「変わってるよね。ショウコさんって」
ショウコさん：「よく言われる」
ハルトくん　：「特別に、俺の秘密教えてやるよ」
ショウコさん：「なになに？」
ハルトくん　：「俺、実はこれじゃないかなって思ってるんだ」

そういって、ハルトくんは発達障害についてかかれた記事の印刷物を取り出した。ショウコさんは絶句した。遠くで聞いていた私も絶句した。この子は、確かに発達の偏りがあるかもしれないけれども、突出した能力があることも見え隠れしていた。何よりも、暴れることはあっても、基本は情緒が安定しており、人との信頼関係を築く基盤のようなものもあった。たびたび感じていた「この子は大丈夫」の裏付けがここに見えたような気がした。

ショウコさん：「私、勘違いしてました」
私　　　　　：「何を？」
ショウコさん：「障害の手帳さえあれば万事うまくいくような気がしていたけど、そういうことじゃないんですよね。本人が、自分の人生をしっかりと生きていくために、自分の凸凹を受けて入れて、足りていないところを何らかの形で補うためにあるのが、障害サービスなんですよね。目的と手段がひっくりかえってしまっていた感じがします。ハルトくんが、よりよく生きられることが大事なのであって、障害サービスはその一つの手段でしかなかったということなんですよね」

私：「そうだね。専門的な知識があると、よりよく生きられるための方法が、簡単に浮かんできてしまうから、楽だけど厄介だよね。正解を提示したくなってしまうような恐ろしさがある。楽だしね。今回は、ハルトくんに力があったから、彼自らがその方法にたどり着いたね。理想的な形だと思う」

ショウコさん：「本当にそうですね。私、今のままでは不安なので、まだ勉強はしようと思います。でも、知識に溺れないようにというのを心がけたいと思います。知識は何のためにあるのか、誰のために使うのか、それを肝に銘じたいと思います。やったことはボードゲームだけなのに、変な感じですけど」

私：「わかる。でも、行為の中身じゃないんだよね。この仕事。やっていることはよくわからないことが多い。私も、クライアントの家で、ネズミ追いかけたとき、何やってんだろって思ったもん。ただ、それだけなんだけどね、ネズミを追いかけまわす姿を見て、ずっと拒んでいた業者清掃を入れてくれたの。人と人って面白いよね」

本日のスーパーバイズメモ

・知識がときに、支援の邪魔をすることがある。特に病気や障害などについての知識は、クライアントを「理解した」という錯覚をもたらしてしまう。しかし、病気や障害が全アイデンティティであるという人はほとんどいないだろう。病気や障害を内包しながら、その人がどう生きているかということを理解する際に、時に知識が邪魔をする。

・以前、オープンダイアローグに関するシンポジウムに行った際に、新しいアプローチということで、期待のまなざしをもって聞いている人達をたくさん見た。専門職は皆、そこそこ苦しい思いをして勉強して資格を得てきている。その知識を引っ込める「覚悟」みたいなものはあるんだろうか、という意地悪な気持ちがわいてきてしまった。知っていることは大したことではない、と認め、必要とされたときに提供できれば良いくらいにとどめるということが、専門職としてのアイデンティティの在り方を揺るがすのではないか。それを受け入れられるのだろうか、と。幸か不幸か、私のバックボーンは、福祉学ではなく社会学である。福祉を学び始めたのは、院に入ってからなので、あまりアプローチ的なものとか、障害名とかにそもそも興味がない。何せ、統合失調症の妄想もよく知らないまま現場にはいったのだから。きちんと勉強している人達の方が知識を脱ぐことは抵抗があるのかもしれない。とはいえ、私自身も、経験年数が長くなり、蓄積された知識が増えるにつれて同じようなことは起こりうる。

おわりに

私　　　：「ねえねえ、どうしてそんな風に怒っているの？」
サクさん：「知るもんか!!」
私　　　：「サクさん、これまで大変だったんでしょう？」
サクさん：「そりゃそうだ。お前みたいな小娘にはわかるめえ!!　引っ込んでろ!!」
私　　　：「そうね。きっと私には想像もつかないんでしょうね。でもサクさん、足元、汚れてぐっちゃぐちゃでしょ？　お風呂も入れないから、今日、足だけふきたいんだけど、いい？」
サクさん：「勝手にしろ!!」
私は一斗缶に湯を入れ、相談室の傍らでサクさんの汚物まみれの足を洗った。サクさんは宙をみて、はあぁ、極楽だあ、とほほ笑んだ。
私　　　：「サクさん、気持ちいい？」
サクさん：「ああ、天国みてえだ。ありがとよう……。あんた仏さんだ」
私　　　：「私も、サクさんもまだ生きてるからね」

サクさん：「おうよ」

サクさんのやせ細った足に、お湯で濡らしたタオルハンカチを往復させる。糖尿病を思わせる爪は、今にもはがれそうで、実際に途中でふやけてはがれ落ちてしまった。こんな風になるまで、この女性はどこでどうやって生活してきたんだろう。齢七〇歳を自称するホームレスのサクさんは、「制度の適用が難しい人」の一人だった。めちゃくちゃなことを言っては、相談窓口で大暴れして、悪態をつく。そのサクさんのやせ細った足が、剥がれ落ちた爪が、失禁の悪臭が、私に「生きること」の強さ、尊さを教えてくれた。あれほど魂を揺さぶられたことは、今だかつてないのではないだろうか。

サクさんが施設に入所することになった日、サクさんは私の手を何度もさすり、「ありがとうね」「ありがとうね」と言った。数日前の、激しいサクさんの姿はどこにもなかったが、車に乗り込む後ろ姿は、丸まった背中ながらも、シャンとした尊厳のようなものがにじみ出ていた。

――――ああ、この人は、ここまで生きてきたんだなあ。

サクさんに出会えたことは、私にとって一生の宝となった。

人に寄り添うというのはなんて難しいことなんだろう。むちゃくちゃをいうサクさんに翻弄された数日間を過ごし、それでも寄り添いの意味が分からないままでいた。でも何となく、現場で経験を積んできて、「こういうことが起こっているのか」ということが腹に落ちてきて、それが本書につながっている。「本日のスーパーバイズメモ」は、私自身がいつも自分に言い聞かせていることだよな、と改めて思う。

私は、大学院を出て数年後に現場入りしてからこのかた、きちんとしたスーパーバイズを受けたことはない。本格的に相談支援の仕事を始めたのが役所の生活保護面接相談員の仕事だったが、一週間くらい先輩の面接に同席して、「明日から一人でやってね」で独り立ちした。そこから、見様見真似で支援をしてきた。それが当たり前の時代でもあった。知識が少ないものだから、一生けん命調べ、理解しようと努めた。そのプロセスがとても役にたったと思っている。サクさんについても同様だ。はじめは、専門家ぶって、病気や障害などで、サクさんの状態を語ろうとした。でも、サクさんに悪態をつかれているうちに、そんなことはどうでもよくなってしまった。サクさんは、今生きてここにいて困っている。その事実だけが私を突き動かし、何とかサクさんの人生をわかりたいという気持ちにさせた。サクさんは、結局のところ、最後までその人生の多くが謎に包まれていたが、サクさんの所作振る舞い、ハリネズミのようなトゲ、そのシルエット、すべてが、「サクさんの人生の集大成」として多くのことを語っているように感じた。情報は、少ない人も多い人もいる。どうしたって、情報をとれないこともある。でも、だからと言って、何もできないわけではない。サクさんのように、その存在そのものが多くを語ってくれていることもあるのだから、私たちは、そこに耳を傾ければよい。

サクさんは安定した生活に落ち着いた後、穏やかに亡くなったと聞いている。私はサクさんの人生に、あの時きちんと寄り添えたのだろうか。未だに確信は持てないが、手を握ってくれた時の、サクさんの体温はいつも生々しく私の心を温める。

私たちは、自身を道具として使用する。時にネズミ退治をし、時に猫の貰い手探しをし、時にボードゲームで遊んだりする。どんな道具になればよいのかを考え、必要なことを実践する。頭を使い、手を使い、力を使う。その時間限りの付き合いではあるが、その時可能な力を、過不足ない形でクライアントに注ぎ込む。一斗缶にためたお湯を運びながら、ここまでする必要はあるのか、とよぎっては、すぐにかき消された。何よりも、目の前にいるサクさんの足は汚かったからだ。その時必要なことで、他にできる人がおらず、工夫すれば私にできることであれば、私はカメレオンのように、クライアントに合わせた形で社会資源化する。

それを可能にするためには、クライアントから、いろいろな形で負担に配慮しながら情報をちょうだいし、クライアントの人物像を理解しようと試み、クライアントを取り巻く状況の意味を考え、どのような形で自身の力を差し出せばよいのかを測るプロセスが必要になる。ここについては、汎化できない。サクさんのように謎だらけの人もいるのだから。手順書が作れないのはそのためだろう。

私は今、管理職になってしまい、クライアントと話をする機会は、クレームの時くらいだ。この立場になることには葛藤があった。直接手を出せないもどかしさが、常にあるからだ。でも、私一人がいくら頑張ったとて、支援できる人の数など限られている。支援をして数年後に、あの時はありがとうございました、と電話がかかってくることもあり、もし、クライアントがそういう気持ちになってくれているのであれば、それにまさる喜びはない。ぜひ、多くの支援者とともにこういう喜びを分かち合いたい。そして、より多くの支援が行き届くように支援者を増やしたい。全国のサクさんが、のたれ死ぬことのないようにしたい。それが、今のひそかな野望であり、そのために本書の執筆に至った。

思い当たることも、ドキッとすることもあると思う。責められているような気持ちになることもあると思う。でも、支援で主旋律を奏でるのは、いつだってクライアント。私たちは伴奏をするだけ。うまく伴奏できすようになるには、うまく伴奏できるようになるための訓練が必要だ。それもまた、クライアントに対する敬意の一つの形であるように思う。

■注

1 二〇〇六年京都府で、五〇代男性が介護疲れと生活苦から親子心中を図った。母を殺害し、自らも包丁で自殺を図ったが未遂に終わり、逮捕後、服役。生活保護申請については、失業手当があることから申請できず、その後困窮状態が悪化していった。温情判決で懲役二年六か月の実刑判決が下ったが、出所して仕事を解雇されたあと、投身自殺を図った。

2 二〇一三年一一月大阪府で、三一歳の女性が餓死しているのが見つかった。亡くなった父の保険金を取り崩しながら生活してきたが、底をつき餓死に至った。生前、生活保護の相談窓口に相談にいったが、生命保険の残高があったことから申請に至らなかった。

3 イヴァン・イリッチ（1977）『脱学校の社会』東京創元社。イリッチは近代が生み出した学校という制度を痛烈に批判した。

4 野口裕二（2002）『物語としてのケア――ナラティヴ・アプローチの世界へ』医学書院

あとがき

前著、『ソーシャルワーカーになりたい』を書き終えたあと、次を書きたいね、と話し始めたのは、脱稿からさほどたっていない頃でした。それから数か月――出版日から遡ること二か月――緊急事態宣言が発出されて、街の中を歩く人は減り、報道は新型コロナウイルス一色となりました。新型コロナウイルスの流行は、未曾有というわけではない（感染症の脅威自体は歴史上はじめてではない）ものの、今を生きる私たちがこれまで経験していないような生活をもたらしたのです。それも、「世界的に」という広範囲で。

その中で、芦沢さんは感染症対策の柱である保健所に、私は住居確保給付金をはじめとする各種支援策に近い場所におり、想像を超えるような量の対応に追われ続けました。書きたいねー書けないねーが続いたのち、ようやく短期決戦で書き上げたのが本書になります。本書を書くにあたり、私が本文の執筆に費やせた時間は三日程度です。本当は、通勤電車の中でコツコツ書こうと思っていたのですが、すぐに眠ってしまうので、年末年始のまとまった休みに一気に書き上げました。

なぜ、そこまでして書くのか？　書いたのか？　今、それを考えています。池田晶子さんの本『14歳からの哲学――考えるための教科書』[1]を読んでいて、「解」を出すプロセスにソーシャルワークのヒミツがあるのではないか、と考え付いたのは、昨夜のことです。

今の社会は、とても合理的かつ効率的で、食糧や服飾品など沢山の廃棄物を出しながらも（合理性効率性を担保するために非合理も排出しているのだが）、各個人が、最短でいろいろなものにアクセスできるなぁ、と感じます。ほしいものは、ポチッとすると手元に届きますし、知らないことは、手元の四角い機械にきけば、ある程度教えてくれます。でも、自分がどう生きるべきかは、教えてもらえない。もちろん、「生き方」で検索するとたくさんの情報を得ることはできます。でもそれを自分の人生に援用するには、少し距離が遠い。最短で得た「情報」は「解」としてすぐに自分の腹には落ちてきません。しかも情報が多すぎて「解」が遠のくように感じることさえあります。

池田さんの本は、当たり前のようなことに「解」を与えず、ぐるぐるとした問いかけを中心に進んでいきます。私はそれを眺めながら、「生きる」ということを支えるソーシャルワークもまた、「解」に向けて、でも決して「解」に飛びつかず、ぐるぐると「解」を求め続けているよな、と感じました。それもそのはずです。「生きる」とか「よく生きる」とか「幸福」とか、自分でさえもよくわからないことに取り組むのですし、ましてや他人というこれまたよくわからない存在の「幸福」を考えるのですから、「解」など一直線に得ることができないのは当たり前のことです。

家がない人に、住宅支援をというのはごく当たり前の流れかもしれません。でも、それは、多くの人にとって屋根のある生活が「幸福」であるという、大まかな合意や目測に基づいているだけにすぎません。屋根のある生活で得られる「幸福」よりも、「孤独を感じること」や「家賃を支払うこと」などが本人の幸福を阻害する要因として大きければ、アパートではなく、路上生活を望むかもしれません。そういったとき、私たちは、その人たちを「居宅生活になじめない人」としがちで、「どのような生活がその人にとって幸福か」ということを考えることをやめてしまったりします。でも、これではよいソーシャルワークにはなりません。その人がどう生きてきて、どう生きていくのか。そして、誰とともに、どこで生活したいのか。そしてそこには何があるか。家がない人に対する「解」は常に一直線に住宅支援を指すわけではないということです。家がない人の支援を考える上で、共に「解」を探し続けるプロセスそのものが、支援となります。その結果、導き出されるものが、やっぱり住宅支援であるということももちろんあります。でも、その「解」は本人とともに探し、見つけるプロセスの延長線上にあるものです。

　本書は、私や芦沢さんが、自己との対話を通して、他者と向き合い、「解」を探す旅をしてきた軌跡を後輩に伝えていこうとするものです。わかりやすい「解」、飛びつきたくなるような「解」はあちらこちらに落ちています。私たちはすぐに「わかったような気持ち」になってしまいます。でも、そこに飛びつかずに「解」を求め続ける。反芻を続けていく。結局何が「解」なのかよくわからないまま終わることもあるのだけれど、そこにちょっとした「幸福」のようなものが残ることもある。その「解」を求める姿勢の記録でもあります。

　池田さんは、前述の書物の中で、「本を読みなさい」と言っておられます。最近は、私もめっぽう本を読む時間を取れなくなってきていますが、それでもやはり書物から得るものは大きいと感じるのです。そして、池田さんはこうも言います。「偽物と本物に気を付けなさい」と。私たちこそ本物だというつもりはありません。でもここでもまた、本物になりたい、という気持ちが強く働きます。私たちが見て、聞いて、感じて、動いてみて、大切だと思うものを表現したいという思いがあり、そしてそれを受けとめてくださったのが、生活書院の高橋さんです。

速度重視のこの社会で、ぐるぐるとした私たちの軌跡を表現する場を提供していただけること、生きることを支える「書物」を生み出してくださっていることに、たくさんの感謝と、敬意を。

出会った相談者の数だけ、私たちは、「生きること」に向き合います。いや、向き合わせてもらいます。それは時に苦しく、時に歓びに満ちた経験でもあります。全ては相談者との出会いから始まります。ですから、相談者の皆さんにもたくさんの感謝と、そして敬意を。

■注

1 池田晶子（2003）『14歳からの哲学――考えるための教科書』トランスビュー

［著者紹介］

芦沢　茂喜（アシザワ　シゲキ）

ソーシャルワーカー（精神保健福祉士、社会福祉士）
第１号職場適応援助者（ジョブコーチ）
国際医療福祉大学医療福祉学部医療福祉学科卒業
東京都立大学大学院社会科学研究科修士課程（社会福祉学）修了
信州大学大学院社会政策科学研究科修士課程（経済学）修了
山梨県内の民間精神科病院等での勤務を経て、山梨県庁に入庁（福祉職）
中北保健所峡北支所、精神保健福祉センター等を経て、現在は峡東保健福祉事務所に勤務

主な著書に、
『ひきこもりでいいみたい――私と彼らのものがたり』生活書院、2018年
『ふすまのむこうがわ――ひきこもる彼と私のものがたり』生活書院、2021年など
山岸倫子との共著に、
『ソーシャルワーカーになりたい――自己との対話を通した支援の解体新書』生活書院、2020年がある

山岸　倫子（ヤマギシ　トモコ）

ソシャルワーカー（社会福祉士）
静岡大学人文学部社会学科卒業
東京都立大学大学院社会科学研究科修士課程（社会福祉学）修了
東京都立大学大学院社会科学研究科博士課程（社会福祉学）単位取得退学
社会福祉協議会で地域活動支援センター指導員補助、都内で生活保護面接相談員を経験したのち、現在は、社会福祉法人新栄会（東京都）にて困窮者支援に従事。

主な論文に、
「『障害』の肯定／否定をめぐる論議とピア・カウンセリングの意義」『社会福祉学評論（第７号)』社会福祉学会関東部会、 2007年
「障害個性論の再検討」『社会福祉学評論（第９号)』社会福祉学会関東部会、2009年
芦沢茂喜との共著に、
『ソーシャルワーカーになりたい――自己との対話を通した支援の解体新書』生活書院、2020年がある

本書のテキストデータを提供いたします

本書をご購入いただいた方のうち、視覚障害、肢体不自由などの理由で書字へのアクセスが困難な方に本書のテキストデータを提供いたします。希望される方は、以下の方法にしたがってお申し込みください。

◎データの提供形式＝CD-R、メールによるファイル添付（メールアドレスをお知らせください）。

◎データの提供形式・お名前・ご住所を明記した用紙、返信用封筒、下の引換券（コピー不可）および200円切手（メールによるファイル添付をご希望の場合不要）を同封のうえ弊社までお送りください。

●本書内容の複製は点訳・音訳データなど視覚障害の方のための利用に限り認めます。内容の改変や流用、転載、その他営利を目的とした利用はお断りします。

◎あて先
〒160-0008
東京都新宿区四谷三栄町6-5 木原ビル303
生活書院編集部　テキストデータ係

【引換券】
ソーシャルワーカーの
ミカタ

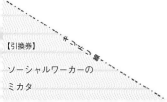

ソーシャルワーカーのミカタ
――対話を通してともに「解」を探す旅の軌跡

発　行――――2022年10月15日　初版第1刷発行
著　者――――芦沢茂喜・山岸倫子
発行者――――髙橋　淳
発行所――――株式会社　生活書院
〒160-0008
東京都新宿区四谷三栄町6-5 木原ビル303
ＴＥＬ 03-3226-1203
ＦＡＸ 03-3226-1204
振替 00170-0-649766
http://www.seikatsushoin.com
印刷・製本―― 株式会社シナノ

Printed in Japan

ISBN 978-4-86500-147-1

定価はカバーに表示してあります。
乱丁・落丁本はお取り替えいたします。